보리 어린이

놀이 도감

살아 있는 교육 37

보리 어린이 놀이 도감

2017년 10월 21일 1판 1쇄 펴냄 | 2022년 10월 25일 1판 6쇄 펴냄
글쓴이 김종만 | **그림** 김혜원 | **도움** 이상호

편집 김로미, 김성재, 김소원, 박세미, 이경희 | **디자인** 오혜진
제작 심준엽 | **영업** 나길훈, 안명선, 양병희, 원숙영, 조현정 | **독자 사업(잡지)** 김빛나래, 정영지
새사업팀 조서연 | **경영 지원** 신종호, 임혜정, 한선희
인쇄와 제본 ㈜천일문화사

펴낸이 유문숙 | **펴낸 곳** ㈜도서출판 보리 | **출판 등록** 1991년 8월 6일 제9-279호
주소 (10881) 경기도 파주시 직지길 492 | **전화** 031-955-3535 | **전송** 031-950-9501
누리집 www.boribook.com | **전자우편** bori@boribook.com

잘못된 책은 바꾸어 드립니다.
값 18,000원

보리는 나무 한 그루를 베어 낼 가치가 있는지 생각하며 책을 만듭니다.

ISBN 978-89-8428-982-6 03370

이 도서의 국립중앙도서관 출판예정도서목록(CIP)은 서지정보유통지원시스템 홈페이지(http://seoji.nl.go.kr)와 국가자료공동목록시스템(http://www.nl.go.kr/kolisnet)에서 이용하실 수 있습니다.(CIP제어번호 : CIP2017026076)

보리 어린이
놀이 도감

김종만 선생님이 들려주는 145가지 놀이

글 김종만 | 그림 김혜원 | 도움 이상호

보리

어린이를 사랑하면 놀이를!

인천교육대학 선배인 김종만 선생님을 처음 만난 것은 1991년 청량리에 있는 지하 다방이었다. '한국글쓰기교육연구회'에서 펴내는 회보〈글쓰기 교육〉에 놀이에 대해 쓴 글을 읽고 뵙기를 부탁드렸다. 놀이에 대해 어떤 공부를 해야 할지 난감해하던 때였다.

"이 책부터 시작해야 해. 놀이를 너무 쉽게 생각하면 안 돼. 놀이에 대한 기본이 담긴 책이니 꼼꼼히 보면 좋을 거야."

하위징아의《호모루덴스》를 내밀며 한 말이 아직도 생생하다. 시골에서 아이들을 가르치는 이야기며 텃밭 가꾸는 재미, 교육이 나아가야할 방향과 이런저런 이야기로 꽤 시간이 지났다. 헤어질 때 "아이들을 제대로 이해하려면 놀이 속에서 찾아." 하는 말씀을 해 주었다.

그 뒤 선생님은《아이들 민속놀이 백 가지》(우리교육)를 출판하였다. 이 책에는 놀이에 대한 이해를 바탕으로 정리한 여러 놀이가 실려있었다. 선생님은 'ㄹ자놀이'를 어린이 놀이 가운데 으뜸으로 쳤다. 두 편이 대등한 조건에서 놀이가 전개되기 때문이라 했다. 우리 사회가 출발부터 차등이 있어서 뜻을 제대로 펴지 못하는 상황을 늘 안타까워했기에 'ㄹ자놀이'의 평등성이 눈에 들어온 것이다.

《아이들 민속놀이 백 가지》가 출판된 1993년에는 놀이를 고민하고 정리하는 사람은 거의 없었다. 민속학계에서 최상수를 비롯한 몇몇 학자들이 어린이 놀이를 채록하여 출판한 것은 있지만 교사가 어린이 눈높이에서 관련한 책을 냈다는 것은 뜻있는 일이었다.

그해에 《북녘 아이들 놀이 백 가지》(우리교육)도 출판되었다. 김종만 선생님은 통일이 되면 어떻게 하나가 될 수 있을까 하는 물음에 '같이 놀면 되지'란 말씀을 자주 했다. 반공 이데올로기가 남아 있던 때에 '북녘 아이'도 재미있게 노는 우리와 같은 '아이'란 생각을 할 수 있게 한 책이었다. 놀이 규칙과 전개되는 방식이 놀이로 구현되기 어려운 놀이도 있었지만 통일에 대한 필요성을 어떤 설명보다 현실적으로 느끼게 해 준 책이 아니었을까 싶다.

《아이들 민속놀이 백 가지》는 다른 사람들이 놀이책을 펴낼 때 바탕이 되어 주었는데 오래 전에 출판된 책이어서 다시 볼 수 없었다. 그런데 그동안 나온 책을 정리하여 새롭게 출판하게 되어 뜻깊다.

'놀이는 방법이 아니라 마음이다'란 하위징아의 말은 김종만 선생님에게 꼭 들어맞는 말이다. 왜 놀이를 정리하여 남겼을까 생각해 보면 어린이를 사랑하는 방편이 놀이였기 때문이 아니었나 싶다. 김종만 선생님은 어린이 놀이에 대해 고민하고 알린 일 세대 놀이 연구가이며 놀이 운동가라 할 수 있다.

이제 선생님의 마음이 좀 더 온전히 그리고 많은 사람들에게 전해지기 바란다. 이 책이 널리 활용되어 선생님이 남긴 어린이 사랑의 따뜻한 마음이 학원과 스마트폰에 찌든 어린이를 어루만져 주었으면 한다.

이상호(놀이하는사람들 대표)

아이들 놀이에 담긴 신명과 진실을 찾아서

놀이의 속성이란 긴장과 신명의 풀이라 할 수 있다. 이는 어린이 놀이에서도 마찬가지다. 쫓고 쫓기는 가운데에서 느끼는 촉각의 예리함, 한바탕의 결전을 앞둔 숨가쁨, 그것은 죽느냐 사느냐를 결정짓는 삶과 죽음의 기로에서 체험하는 현실 초월의 순간이다. 이러한 긴장의 순간을 넘기고 맞이하는 결과는 언제나 기쁨의 탄성이다. 그러한 짜릿한 감정의 들끓음이야말로 현실의 고뇌를 잊게 하고 새로운 삶의 생명력을 획득하는 계기를 열어 준다.

어린이 시대는 놀이의 시대다. 놀이란 성장기에서 성년기로 상승 발전하는 과도기의 생존 방식이라고 할 수 있다. 복잡한 사회 속에서 개인과 전체의 조화로운 삶을 꾸려 가기 위해서 놀이는 어린이의 생존 방식에 필수적이다. 어린이 개인에게 놀이란 삶의 전부일 뿐 아니라 그 속에서 새로운 삶이 움트고 나와 건강하고 원만한 사회인으로 변모해 가는 것이다.

그러나 오늘날 이 땅의 수많은 어린이 놀이가 어린이들 세계에서 잊혀 가고 있다. 예전 어린이들이 틈틈이 생명감 넘치는 충동 속에서 놀았던 흔적을 오늘의 어린이들이 계승하지 못하는 까닭은 오늘의 자본주의사회 속에서 어른들의 엄청난 요구에 따라 어린이들에게 불필요하게 가중된 역할 탓이라고 할 수 있겠다.

출세 지향적인 사회 풍조에서 학교교육은 방대한 지식만을 어린 아이들에서부터 청년기까지 차근차근 삼키도록 강요하고 있으며 부모들은 이런 비인간적 현상을 오히려 부채질하거나 은근히 기대하고 있다. 그러는 동안 학교 밖 사회는 자본주의 덕성(순종과 근면, 획일적인 질서)으로 어린이들에게 놀이 공간을 마련해 주고 놀 줄 아는 동적이고 밝은 분위기를 북돋아 주기는커녕 어린이 놀이를 위험하거나 치기어린 것으로 간주해 버리기 일쑤다.

이 책은 놀이가 사라지는 이러한 현실을 바로 보고 오늘 이 땅에서 살아가는 어린이들의 삶을 조금이나마 넓히고 키워 보자는 의도에서 썼다. 이 책을 정리해 묶으면서 유아나 유년기의 간단한 놀이는 제외하였다. 유아, 유년기의 놀이는 부모나 어른들에 의해 지도되는 놀이가 많으므로 이 책에서는 놀이 고유의 속성대로 어린이의 자발성을 살릴 수 있는 놀이로 국한시켜 보려는 의도에서 그랬다.

21세기를 몸으로, 정신과 감정으로 살아갈 어린이들이 즐길 수 있는 그들의 생존 방식인 놀이를 권하고 북돋는 일이야말로 우리 어른들이 가장 먼저 해야 할 일이라 감히 단언한다. 교육을 사랑하고 무엇보다 어린이를 사랑하는 어른들, 교사, 학부모, 학생 여러분께 이 책이 읽히고 가르치는 자료로 쓰이게 된다면 이에 더 큰 기쁨이 없겠다.

김종만, 《아이들 민속놀이 백 가지》(1993년) 머리글에서

아이들 놀이로 이루는 통일을 기다리며

30년 전쯤이었나 보다. 나는 십 리 길을 걸어 초등학교에 입학하였다. 그 첫해 병아리들을 맡았던 우리 반 담임은 교육대학을 갓 졸업한 분으로 기억한다. 몇 시간씩 노래와 춤과 손짓 발짓을 섞어 온갖 율동과 오락을 가르치곤 했다. 선생님은 오른쪽으로 돌라면 왼쪽으로 돌고, 손뼉을 치고 손을 들고 팔을 쳐들라면 어물쩍거리며 빈둥거리는 나를 불러내서 아이들과 학부형들 앞에서 구경거리로 삼곤 했다. 이런 일이 벌어지면서 나는 천천히 바보가 되어 가고 있었다. 그런 대로 자신 있었던 읽고 쓰는 것까지 한동안 자신감을 잃어버리고 말았다.

훗날 알게 된 것이지만 이런 식의 교육에는 엄청난 의도가 담겨 있다. 일제강점기의 정책에 따라 시작된 초등교육은 일사불란한 통제술을 발휘하는 데 음악과 체육과 유희를 사용해 왔다. 그 뒤 일본이 패망하고 미군이 주둔하면서 서양의 게임이나 레크레이션이 학교교육에 도입된 것이다.

교사가 된 나는 아이들과 쉽게 친해질 수 있는 한 가지 방편으로 어린이들의 땟국 절은 마당놀이를 써먹기에 이르렀다. 쉬는 시간, 어린이들은 빈터에서 교실 바깥벽 처마 밑에서 뽀얗게 땅을 쓸어 놓고 놀고 있었다. 이런 데서 하는 놀이란 글자 파기, 땅따먹기, 사방치기, 공기놀이 같은 것들인데 우리 또래들이 왁자지껄 놀던 놀이 아닌가. 나는 순간 말할 수 없이 눈물겨운 정겨움을 느낄 수 있었다.

그 뒤 나는 틈나는 대로 우리 반 아이들을 불러 모아 놀이에 열중하

곤 했다. 처음에 아이들은 어리둥절해하더니 저희들이 모르는 놀이를 내가 가르쳐 주기도 하고, 저희들만 아는 놀이를 내가 배우니 틈만 있으면 놀자고 졸라 댔다. 이렇게 해서 나는 어린이 놀이를 본격으로 찾아 나서게 되었다. 틈나는 대로 전국을 누비며 어린이 놀이를 찾아다녔지만 따지고 보면 반쪽 작업일 수밖에 없었다. 분단된 조국의 현실은 어린이 놀이판조차 갈라놓은 것이다.

그래서 1992년 11월, 중국 연변 조선족 자치주를 한 달 동안 둘러보면서 느꼈던 감회는 아직도 생생하게 나를 압도한다. 이 답사 때 조선족 소년보사의 림금산 편집장을 만났는데 선뜻 북조선 어린이 놀이 자료를 꺼내 놓았다. 고맙게도 림 선생은 자기가 보관하고 있던 귀한 자료를 기꺼이 건네주어 이 책이 나오게 되었다.

그러나 이념과 제도의 벽 속에 갇혀 북녘 어린이 놀이 또한 갖은 수난을 당한 흔적이 역력하다. 우리 아이들이 하기 버거운 놀이와 놀이의 속성에 걸맞지 않은 놀이는 이 책에서 빼 버렸다. 그러나 남녘 어린이들도 잘 알고 있는 놀이도 많았다. 학교 운동회에서 흔히 보았던 놀이도 여럿 있다. 그러니 놀이에 남과 북이 따로 있을까 하는 생각이 절로 든다.

어른들이 통일 문제를 두고 힘들게 옥신각신할 바에는 차라리 어린이들에게 맡기는 편이 훨씬 쉽고 빠르리라 역설하고 싶은 심정이다.

김종만,《북녘 아이들 놀이 백 가지》(1993년) 머리글에서

잘 놀아야 철이 들지, 안 그래?

사람값을 매기는 데 여러 볼품이 있다. 나는 그 사람이 어떻게 노는가, 얼마나 미쳐서 노는가를 보는 편이다. 잘 논다면 논다니 딴따라들이나 하는 짓이 아닌가 하고 물을지도 모른다. 그런데 그게 아니다. 이 땅의 선남선녀들이란 게 대부분 노는 데 주눅이 들어 있다.

근대교육이 자리 잡으면서 그 제도에서 줄타기해 본 경험이 많으면 많을수록 노는 걸 잘 못한다. 자기 혼자만 못 놀면 그만인데, 남이 노는 것도 못 봐 준다. 노는 것은 힘의 낭비요, 퇴폐의 온상이요, 불량의 극치라고 생각하는 사람들이 정말 많아도 너무 많다. 오죽했으면 남들 하는 것이 맘에 안 들면 "노올고 자빠졌네." 하고 말했을까.

그런데 따져 보면 그게 아니다. 왜 노는 게 나쁜 건가. 노는 게 나쁜 거라면 그건 잘 노는 사람들을 싸잡을 게 아니라 잘 못 노는 사람들, 노는 게 놀이가 아닌 짓거리를 서슴없이 해 대는 사람들한테나 그 화살을 돌려야 한다.

나는 어델 가나 '노는 것이 남는 것'이라고 한다. 과거에는 못 먹어 죽은 귀신들에 걸신이 들려서 '먹는 것이 남는 것'이라고 했지만 이제는 노는 게 남는 것이라고 해야 옳다. 모두들 놀고 싶어 한다. 일하는 것도 노는 것처럼 해야 제대로 끝마무리가 되는 것이다.

여기 우리 조상님네들부터 질펀하게 노는 이야기를 소개한다. 봄, 여름, 가을, 겨울 우리 어린이들의 원초적인 생명줄이 놀이에 있었음을 제대로 알리려 한다.

요즈음 그 수많은 놀이들이 어느 구석으로 처박혀 버렸는지 나는 한숨이 절로 나온다. 봄이면 들과 산을 쏘다니며 놀았던 그 개미같이 많았던 어린이들은 지금 어디서 무얼 하는 것일까.

그러나 이 땅에 풀뿌리가 뻗어 가듯 우리 어린이들에게 희망을 걸지 못하면 더는 살맛이 없지 않은가. 우리 어른들에게는 흐릿하나마 추억을 더듬어 보게 하고, 우리 어린이들에게는 살벌한 공부 지옥에서나마 푸른 하늘을 바라보도록 하고 싶어 이 책을 낸다.

김종만,《잘 놀아야 철이 들지》(2007년) 머리글에서

| 차례 |

맨몸놀이

도구놀이

땅놀이

즐기기 놀이

1. 이 책은 김종만 선생님이 펴낸 《아이들 민속놀이 백 가지》(우리교육, 1993년 / 바보새, 2007년) 《북녘 아이들 놀이 백 가지》(우리교육, 1993년 / 바보새, 2007년) 《잘 놀아야 철이 들지》(바보새, 2007년) 세 권을 바탕으로 해서 오늘날의 어린이도 즐겨 놀 수 있는 145가지 놀이를 정리했습니다.

2. 놀이 분류는 아무런 도구 없이 맨몸으로만 노는 '맨몸놀이', 도구가 있어야 노는 '도구놀이', 땅에 금을 긋고 노는 '땅놀이', 힘을 겨루거나 승리를 중요하게 보지 않고 노는 '즐기기 놀이'로 나누었습니다.

3. 놀이가 실린 차례는 놀이를 네 가지로 나눈 뒤 《아이들 민속놀이 백 가지》 《잘 놀아야 철이 들지》 《북녘 아이들 놀이 백 가지》에 실린 차례대로 실었습니다.

4. 여기에 소개된 놀이가 어느 책에 실린 것인지는 표기하지 않았습니다. 《아이들 민속놀이 백 가지》 《잘 놀아야 철이 들지》에 같은 놀이가 있는 경우도 많고, 《북녘 아이들 놀이 백 가지》에 실린 놀이 가운데는 이미 남녘에서도 즐겨 하는 놀이가 있어 출처를 밝힐 필요가 없기 때문입니다.

5. 북녘 놀이 가운데 놀이의 자발성이 살지 않았으나, 운동회나 체육시간에 활용하면 좋을 놀이는 실었습니다.

6. 이미 출판된 책을 바탕으로 엮었지만 어린이나 교사, 부모가 놀이를 더 잘 이해할 수 있도록 놀이 방법을 보태거나 빼면서 교정과 교열을 거쳤습니다. 이 과정에서 추천글을 쓴 이상호 선생님 도움을 받았습니다. 놀이를 나누고 놀이 대상과 놀이 인원을 정하는 데도 이상호 선생님 도움을 받았습니다.

7. 놀이 대상은 놀이 규칙의 복잡함 정도, 놀이 기술 난이도 정도에 따라 어린이 발달단계에 맞게 나누었습니다. 초등학교 1, 2학년부터 모든 학년이 놀 수 있는 놀이는 '전학년'으로, 초등학교 3, 4학년부터 놀 수 있는 놀이는 '중학년 이상'으로, 초등학교 5, 6학년부터 놀 수 있는 놀이는 '고학년 이상'으로 적었습니다. '이상'이라는 말을 붙인 것은 자칫 해당 학년만 노는 놀이로 굳어질까 걱정하여서입니다. 놀이 인원은 그 놀이를 즐기기에 알맞은 숫자를 적었으나 놀이 상황에 따라 얼마든지 바뀔 수 있습니다.

• 놀이에 대한 간단한 설명

• 놀이하기 알맞은 숫자
- '여러 명'으로 되어 있는 것은 혼자 놀이부터 두 명이 겨루거나 인원 수에 관계없이 놀 수 있는 놀이입니다.
- '한 편'이라고 적혀 있는 것은 편을 나누어 노는 놀이입니다. 하지만 술래를 정해서 노는 놀이나 둘이 겨루는 놀이도 편을 나누어 놀 수 있습니다. 여기서는 편 놀이가 기본인 놀이에만 표시를 했습니다.

• 놀이 이름
지역에 따라 다른 이름으로 부를 수 있습니다.

• 이 놀이를 시작할 수 있는 학년

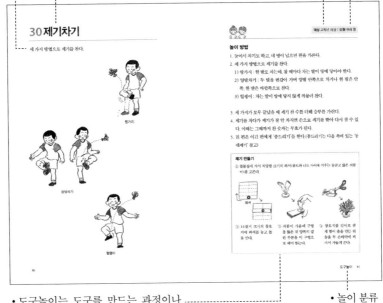

• 도구놀이는 도구를 만드는 과정이나 준비물을 따로 적어 놓았습니다.

• 땅놀이는 땅에 금을 긋는 과정을 따로 적어 놓았습니다.

• 《잘 놀아야 철이 들지》에서 그 놀이에 추가 설명이 있는 글을 모았습니다.

• 놀이 분류

맨몸놀이

1 꼬리잡기

가위바위보로 술래, 머리, 꼬리를 정하고, 술래가 꼬리를 잡는다.

놀이 방법

1. 가위바위보를 해서 처음 이긴 사람이 '머리'가 된다. 마지막 남은 두 사람 가운데 이긴 사람은 '꼬리'가 되고, 진 사람은 '술래'가 된다.

2. 머리가 맨 앞에 서고, 나머지 사람들은 앞사람 허리를 붙들고 늘어서고, 맨 끝은 꼬리가 붙든다.

3. 술래는 시작과 동시에 머리 앞에서 꼬리를 잡기 위해 이리저리 뛴다. 이때 머리는 재빠르게 팔을 벌려 술래 앞을 막아선다.

4. 늘어선 사람들은 술래를 피해 이리저리 움직이는데 이때 줄이 끊어지면 허리를 놓친 사람이 술래가 되고, 술래가 그 자리로 들어간다.

5. 술래가 꼬리를 잡으면 꼬리는 술래가 되고, 술래는 머리가 된다. 먼젓번 머리는 두 번째 자리에 선다.

주의할 점

• 꼬리가 너무 길면 움직이기 불편하다.

2 수박따기

두 편으로 나누어 수박 역할을 하는 꼬리를 잡는다.

놀이 방법

1. 두 편으로 나눈 뒤, 편마다 '머리'와 '수박'을 정한다.

2. 나머지 사람들은 자기편 머리 뒤로 가서 허리를 잡고 늘어선다.

3. 머리의 지휘에 따라 노래를 부르며 마당을 몇 바퀴씩 빙 돈다.

4. 한참 돌다가 노래를 멈추고 머리 두 사람이 나와 가위바위보로 어느 편이 먼저 수박을 딸 것인지 정한다.

5. 이긴 편 머리는 혼자 진 편으로 가서 묻는다.

　"할멈 계신가?"(이긴 편 머리)

　"뭣 하러 오셨수?"(진 편 머리)

　"수박 따러 왔지."(이긴 편 머리)

　"이제 겨우 주먹만 해."(진 편 머리)

6. 그러면 다시 자기편으로 가서 허리를 잡고 늘어선 다음 마당을 돌고, 5번처럼 다시 묻는다.

7. 진 편은 수박이 점점 커지는 과정을 묘사한다. "사발만 해졌어." "아기 머리만 해졌어." 하는 대답을 한다.

8. 진 편 머리가 "그럼 어디 따 가 보슈." 하면 이긴 편 머리는 재빨리 상대편으로 쳐들어간다.

9. 진 편은 자기편 수박을 안 잡히려고 팔을 들고 이리저리 막아서거나 움직인다.

10. 이렇게 하다가 수박이 잡히거나 줄이 끊어지면 역할을 바꿔서 다시 한다.

3 말타기

두 편으로 나누어, 진 편은 말이 되고 이긴 편은 말에 올라탄다.

마부

기수

놀이 방법

1. 두 편으로 갈라 이긴 편은 공격을, 진 편은 수비를 한다.

2. 수비 편에서는 한 사람을 마부로 세운다. 다른 사람들은 머리를 앞사람 가랑이에 끼워 두 다리를 꽉 잡고 엎드려 말을 만든다.

3. 공격 편은 멀리서 달려와 말 등에 올라탄다. 말을 타거나 올라탄 다음에 발이 땅에 닿으면 공격과 수비가 바뀐다.

4. 공격 편이 모두 말에 올라타면 맨 앞에 있는 기수와 마부가 가위바위보를 한다.

5. 마부가 이기면 공격과 수비가 바뀌지만, 마부가 지면 수비 편은 또다시 말이 된다.

6. 말을 만든 사람 가운데 한 사람이라도 무너지면 다시 시작한다.

주의할 점

- 마부가 기댈 수 있는 나무나 기둥이 있어야 한다.
- 힘이 약한 사람이 말이 되었을 때 지나치게 힘껏 말에 올라타면 허리를 다칠 염려가 있으니 조심해야 한다.

4 무궁화꽃이 피었습니다(1)

술래가 "무궁화꽃이 피었습니다."를 외치는 동안만 움직일 수 있다.

놀이 방법

1. 술래는 나무나 벽을 보고 얼굴을 감춘다.

2. 나머지 사람들은 5m 정도 떨어져 서 있는다.

3. 술래가 "무궁화꽃이 피었습니다." 하고 외치고 잽싸게 뒤돌아본다.

4. 술래가 "무궁화꽃이 피었습니다." 하고 외치는 동안 다른 사람들은 술래 쪽으로 걸음을 옮긴다.

5. 술래가 뒤돌아보았을 때 움직인 사람은 술래가 된다.

6. 두 사람 이상이 걸렸을 때는 가위바위보로 술래를 정한다.

7. 이렇게 여러 번 하는데 술래에게 가까이 가서 술래 등을 치면 처음부터 다시 시작한다.

주의할 점

• 술래가 기댈 벽이나 나무, 기둥이 있어야 한다.
• 술래는 "무궁화 꽃이 피었습니다."를 외칠 때 빠르게 하거나 느리게 할 수 있다.

5 무궁화꽃이 피었습니다(2)

술래에게 들키면 술래의 손을 잡고 늘어섰다가 누군가 치면 도망간다.

출발선

무궁화꽃이
피었습니다!

술래

놀이 방법

1. 술래는 나무나 벽을 보고 얼굴을 감춘다.

2. 나머지 사람들은 5m 정도 떨어져 서 있는다.

3. 술래가 "무궁화꽃이 피었습니다."를 외치고 잽싸게 뒤돌아본다.

4. 술래가 외치는 동안 나머지 사람들은 술래 쪽으로 걸음을 옮긴다.

5. 술래가 뒤돌아보았을 때 움직인 사람을 불러낸다.

6. 불린 사람은 술래 곁에 가서 한 줄로 손을 잡고 늘어선다.

7. 이렇게 여러 번 계속하다가 누군가 술래에게 붙잡힌 사람을 손으로 치면 붙잡힌 사람들은 모두 도망간다.

8. 술래는 도망가는 사람들을 출발선까지 쫓아가 잡는데, 술래에게 치인 사람이 술래가 된다. 출발선을 넘어가면 술래는 더 이상 칠 수 없다.

9. 술래가 한 사람도 못 치면 다시 술래가 된다.

주의할 점

• 술래가 기댈 벽이나 나무, 기둥이 있어야 한다.

6등 감추기

술래가 상대편 등을 세 번 치면 잡히는데, 등을 감추면 잡히지 않는다.

놀이 방법

1. 두 편으로 나누어, 가위바위보로 진 쪽이 술래 편이 된다.

2. 술래 집(책상, 나무, 기둥 따위)을 정하고, 움직일 수 있는 범위를 정한다.

3. 술래 편이 상대편 등을 세 번 치면 포로가 된다. 포로는 술래 집 앞에 손을 잡고 늘어선다.

4. 등을 벽이나 땅바닥에 등지고 버티면 술래에게 치이지 않는다.

5. 상대편 한 사람이라도 몰래 다가와 포로들을 손으로 치면 포로들은 모두 달아날 수 있다.

6. 술래가 상대편 모두를 포로로 잡으면 역할이 바뀌어 다시 놀이를 시작한다.

7 집 뺏기놀이

'술래잡기' 놀이를 편을 나눠 논다.

놀이 방법

1. 두 편이 10~20m정도 거리를 두고 집을 정하고, 집을 지키는 수비와 공격을 정한다. 수비와 공격은 상황에 따라 바꿀 수 있다.
2. "시작!"을 외치고 놀이를 시작한다.
3. 공격하는 사람은 상대편을 손으로 쳐서 포로로 잡을 수 있다. 이때 집에서 나중에 나온 사람이 먼저 나온 사람을 쳐야 포로가 될 수 있다.
4. 포로는 상대편 집에서 손을 잡고 한 줄로 늘어선다.
5. 손으로 쳐서 자기편 포로를 구출할 수 있다.

6. 구출된 포로는 자기 집에 돌아가 집을 찍고 나와야 상대편을 칠 수 있다. 자기 집에 가는 동안 상대편은 칠 수 없다.

7. 상대편 집에 쳐들어가 집을 찍으면 이긴다.

8 허수아비(1)

술래는 허수아비가 되어 가만히 있다가 지나가는 사람을 와락 잡는다.

놀이 방법

1. 술래는 허수아비처럼 팔을 벌리고 선다. 이때 허수아비처럼 발을 움직일 수 없다.
2. 술래는 자기 둘레를 걸어서 지나가는 다른 사람을 갑자기 와락 잡는다.
3. 지나가는 사람들은 술래를 살짝살짝 건드리며 둘레를 서성이는데 언제 팔을 움직일지 모르므로 잡히지 않도록 경계한다.
4. 술래에게 잡힌 사람이 술래가 된다.

주의할 점

• 놀이하기 전에 지나다닐 수 있는 범위를 정한다.

9 허수아비(2)

술래는 등을 구부려 말이 되고, 남은 사람들은 말을 뛰어넘어 허수아비가 된다.

놀이 방법

1. 술래를 정하고, 나머지 사람들은 차례를 정한다.

2. 술래는 손으로 무릎을 짚고, 등을 구부리고 엎드려 말이 된다.

3. 나머지 사람들은 차례대로 말 등을 짚고 뛰어넘은 다음 외다리로 두 팔을 벌리고 멈추어 서서 허수아비 흉내를 낸다.

4. 술래를 넘을 때 아무 쪽이든 다 넘어도 되지만 다른 허수아비를 건드리면 안 된다.

5. 나중에 술래를 넘는 사람일수록 점점 어려워진다.

6. 허수아비를 건드리거나 말을 뛰어넘지 못하면 술래가 되어 놀이를 다시 시작한다.

7. 모든 사람이 규칙을 어기지 않고 다 뛰어넘으면 술래가 바뀌지 않고 놀이를 다시 시작한다.

10 왕대포

술래를 뜀틀처럼 넘은 뒤, 술래와 엉덩이로 힘겨루기를 한다.

놀이 방법

1. 지름 30cm 크기의 원 안에 술래가 두 손으로 발목을 짚고 다리를 편 채 엎드린다.

2. 나머지 사람들은 차례를 정해 엎드린 술래 등을 타 넘는다.

    1) 제1동작 : "왕" 하면서 술래의 머리 쪽에서 엉덩이 쪽으로 손 짚고 넘는다.

    2) 제2동작 : "대" 하며 엉덩이끼리 맞댄다.

    3) 제3동작 : "포" 하며 엉덩이로 술래 엉덩이를 툭 친다.

3. 술래가 엉덩이를 맞고 원 밖으로 나가면 다시 술래가 되어야 한다. 원 밖으로 안 나가면 엉덩이를 친 사람이 술래가 된다.

11 얼음땡

"얼음"을 외치면 술래가 칠 수 없고, 다른 사람이 "땡"을 해 주면 다시 움직일 수 있다.

놀이 방법

1. 가위바위보로 술래를 정한다.

2. 술래는 그 자리에서 열을 세고 나서 잡으러 다닌다.

3. 술래가 쫓아가 손으로 치려고 하면 도망가던 사람은 "얼음"이라고 외치면 그 자리에서 멈추어 설 수 있다. 그러면 술래는 칠 수 없다.

4. 얼음이 된 사람을 다른 사람이 손으로 치며 "땡"이라고 외치면 얼음에서 풀려나 자유롭게 움직일 수 있다.

5. 술래에게 치인 사람이 술래가 된다.

6. 술래에게 치인 사람이 많으면 가위바위보로 술래를 정한다.

12 숨바꼭질

술래가 정해진 숫자를 세는 동안 숨고, 술래는 숨은 사람들을 찾는다.

놀이 방법

1. 술래를 정한 다음 모두 숨는다.

2. 술래는 정해진 집에서 손으로 눈을 가리고 쉰(또는 백)까지 센 뒤 숨은 사람들을 찾으러 간다.

3. 술래가 숨은 사람을 발견하면 이름을 크게 부르고 달려와 집을 찍으면 그 사람은 죽게 된다. 만약 발견되었더라도 술래보다 먼저 집을 찍으면 된다.

4. 술래 몰래 달려 나와 집을 찍으며 "찍었다!" 하고 외친 사람은 다음번에 술래가 되지 않는다.

어디 숨은 거지?

5. 술래가 숨은 사람을 더 이상 못 찾을 때 "못 찾겠다 꾀꼬리" 하고 외치면 그 사람은 다음번에 술래가 되지 않는다.

6. 술래에게 들킨 사람들끼리 가위바위보로 술래를 정한다.

13 밤 숨바꼭질

숨어 있는 사람을 찾는 숨바꼭질을 해가 진 뒤, 편을 나누어 한다.

술래 편 　숨는 편

꼬옥 꼬옥 꼬옥

얘들아, 찾으러 가자.

놀이 방법

1. 두 편으로 갈라 술래 편을 정한다.

2. 술래 편은 제자리에 있고, 숨는 편은 50m 이상 떨어져 같은 장소에 숨는다.

3. 숨는 편이 다 숨은 뒤 "꼬옥 꼬옥 꼬옥" 하고 길게 세 번 외치면 그때부터 술래 편이 찾으러 온다.

4. 술래 편이 가까이 오면 숨는 편은 숨소리를 죽이고 찾을 때까지 기다린다.

5. 술래 편이 못 찾을 때 숨는 편이 소리를 질러 자기들의 위치를 알려 줄 수 있다.

6. 숨는 편은 자리를 옮겨 숨을 수 없다.

7. 만일 흩어져 숨어 있었을 때 한 사람이라도 찾으면 숨는 편은 술래 편이 되어 놀이를 다시 시작한다.

14 술래잡기

술래가 달아나는 사람을 쳐야 술래에서 풀려난다.

놀이 방법

1. 술래를 정하고, 다른 사람들은 달아난다.

2. 술래는 일정한 수를 세고 나서 잡으러 다닌다.

3. 달아나는 사람들은 정해 놓은 범위를 벗어날 수 없다.

4. 술래가 친 사람은 술래가 되어 놀이를 계속한다.

주의할 점

• 도망갈 수 있는 범위를 미리 정해야 한다.

숨바꼭질과 술래잡기

술래잡기는 숨바꼭질이 발전한 형태다. 숨바꼭질이 시시하다고 느낀 아이들은 슬슬 숨어 있는 실체를 잡으려고 한다. 숨어 있는 또래를 발견하고 확인하는 단계에서 실체를 자기의 감각으로 체험하고 짜릿한 승리감과 만족을 느끼려고 하기 때문이다. 술래잡기는 큰길이나 마당처럼 넓은 곳에서 큰 아이들이 많이 한다.

15 병신 술래잡기

'술래잡기'와 비슷하나 술래에게 치인 부분을 잡고 술래가 된다.

놀이 방법

1. 가위바위보로 술래를 정한다.

2. 술래는 열까지 세고 나서 사람들을 쫓아간다.

3. 술래는 달아나는 사람의 몸 한 부분을 손으로 친다.

4. 술래에게 치인 사람은 술래가 되는데, 술래의 손이 닿은 부분을 한 손으로 잡고 열을 센 뒤 쫓아간다.

5. 이렇게 하여 코를 잡은 술래, 손을 등을 댄 술래, 어깨를 잡은 술래, 발목을 잡은 술래 같은 여러 술래가 생긴다.

6. 여러 모습을 한 술래가 아직 술래가 되지 않은 사람들을 쫓아다니다 모두 술래가 되면 끝난다.

주의할 점

• 도망갈 수 있는 범위를 미리 정해야 한다.

병신 술래잡기와 공옥진의 병신 춤

모두가 술래가 될 때까지 계속되는 '병신 술래잡기'는 왁자지껄하게 깔깔거리며 놀 수 있는 재미가 있다. 그리고 놀이를 하다 보면 장애인의 고충을 조금이라도 알게 된다. 우리 조상들은 몸이 성하지 못한 사람을 이른바 '병신'이라고 놀리면서도 함께 사는 사회 모습을 놀이판으로 끌어내는 슬기를 발휘한 것이다. 병신 술래잡기는 공옥진 여사의 병신 춤판 뒤에 담긴 생각과 맥이 통한다고 본다.

16 나컨도

누군가 술래 몰래 집을 찍으며 "나컨도"를 외치면 잡힌 사람들이 살아난다.

놀이 방법

1. 가위바위보를 해서 술래 세 명을 뽑는다.
2. 술래 집(나무, 전봇대, 기둥 따위)을 정한다. ‘나켠도’는 집을 부르는 말이다.
3. 술래를 정하는데 놀이하는 사람 수에 따라 술래 수를 다르게 한다(6명이 놀 때는 술래 2명, 9명이 놀 때는 술래 3명, 12명이 놀 때는 술래 4명).
4. 술래가 친 사람들은 술래 집에 손을 잡고 늘어선다.
5. 누군가 술래 몰래 집을 찍으며 "나켠도"를 외치면 잡힌 사람들이 다시 자유롭게 된다.
6. 술래가 모든 사람을 잡으면 잡힌 사람들은 가위바위보로 술래를 뽑고 다시 놀이를 시작한다.

주의할 점

• 집으로 삼을 나무, 전봇대, 기둥 따위가 있어야 한다.
• 잡힌 사람은 반드시 손을 잡고 연결되어 있어야 한다.

17 그림자밟기

그림자를 밟는 놀이다.

놀이 방법

1. 술래를 정한 다음, 다른 사람들은 자기 그림자가 술래에게 밟히지 않게 이리저리 도망친다.
2. 술래는 그림자 가운데 머리를 밟아야 한다. 상대편이 인정할 때까지 계속 밟을 수 있다.
3. 그림자 머리가 밟힌 사람은 재빨리 술래가 되어 계속 논다.

주의할 점

• 도망갈 수 있는 범위를 미리 정해야 한다.
• 보름달이 뜬 밝은 밤이나 오후 2시~3시, 그림자가 뚜렷하게 보일 때 놀 수 있다.

18앉은뱅이

술래가 잡으러 오면 그 자리에 앉으며 "앉은뱅이"를 외친다.

놀이 방법

1. 가위바위보로 술래를 정한다.

2. 술래는 이리저리 도망 다니는 사람들을 손으로 친다.

3. 술래에게 잡힐 것 같으면 제자리에 쪼그려 앉으며 "앉은뱅이"를 외치면 술래가 칠 수 없다.

4. 술래에게 손으로 치이면 그 사람이 술래가 되어 놀이를 계속한다.

5. 앉은뱅이가 되면 다른 사람이 손으로 찍어 주어야 풀려날 수 있다.

19 사람 알아맞히기

술래가 자기 목을 찌르는 사람을 알아맞힌다.

놀이 방법

1. 술래를 정하고, 술래는 앉은 채 머리를 푹 수그린다.
2. 나머지 사람들 가운데 아무나 술래 목 뒤를 쿡 찌른 다음 시치미를 뗀다.
3. 술래는 머리를 들고 찌른 사람을 알아맞힌다.
4. 누군지 알아맞히면 걸린 사람이 술래가 된다.
5. 두 명이 이 놀이를 하면 '찌른 손가락 알아맞히기' 놀이가 될 수 있다.

20 삼단 넘기

점점 높아지는 술래의 등을 뛰어넘는다.

1단

술래

2단

이번엔
높네

술래

3단

놀이 방법

1. 가위바위보로 술래를 정한다.

2. 술래는 뜀틀이 되는데, 1단에서 3단까지 높이를 올린다.

   1) 1단 넘기 : 술래는 등을 구부리고 발을 어깨 폭만큼 벌린 다음 다리를 곧게 뻗은 채로 양손은 발목을 잡는다. 다른 사람들은 뜀틀을 넘을 때처럼 술래 등을 짚고 양다리를 벌리며 사뿐히 뛰어넘는다.

   2) 2단 넘기 : '1단 넘기'가 끝나면 술래는 손을 무릎에 짚어 등을 높이고, 다른 사람들은 술래 등을 뛰어넘는다.

   3) 3단 넘기 : '2단 넘기'가 끝나면 술래는 손을 허벅지에 짚는다. 다른 사람들은 술래 등을 뛰어넘는다.

3. 넘는 사람이 술래를 넘지 못하거나 술래를 쓰러뜨리면 그 사람이 술래가 된다.

주의할 점

• 술래를 넘을 때 다리로 머리를 칠 수 있으므로 술래는 머리를 되도록 몸 쪽으로 숙인다.

21 선씨름

두 사람이 맞서서 손을 잡고 밀거나 당기며 힘을 겨룬다.

놀이 방법

1. 오른발을 서로 마주 대고 오른손을 맞잡는다. 왼손을 맞잡을 때는 왼발을 마주한다.
2. 이때 발은 서로의 발 바깥쪽이 닿도록 한다.

3. 밀고 당기다가 내리누르기도 하는데 이러다가 어느 한쪽이 발을 떼면 진다.

22 다리씨름

두 사람이 다리를 마주 대고 넘긴다.

놀이 방법

1. 두 사람이 마주 앉아 같은 쪽 다리 정강이 안쪽을 맞대고 팔씨름하듯 넘긴다.

2. 이때 발을 옮기거나 팔을 쓰면 반칙이다.
3. 나머지 한 발은 상대방이 내민 발을 받쳐 주어 움직이는 것을 막아 준다.

주의할 점

• 힘을 겨루기보다 아픈 것을 참는 것을 겨루는 놀이다.

23 누가 없어졌는지 알아맞히기

술래는 숨고, 놀이 진행자가 가리키는 사람은
누가 없어졌는지 알아맞힌다.

놀이 진행자

술래

놀이 방법

1. 적당한 간격으로 선다.
2. 놀이 진행자가 신호를 하면 모두 머리를 숙이고 눈을 감는다.
3. 놀이 진행자는 한 사람을 손으로 슬쩍 친다.
4. 그 사람은 술래가 되어 눈을 뜬다. 기침을 하거나 발걸음 소리를 내지 말고 재빨리 다른 사람들이 알지 못하도록 숨는다.
5. 놀이 진행자가 신호를 하면 모두 눈을 뜬다.
6. 놀이 진행자가 가리키는 사람은 10초~20초 안에 누가 없어졌는지 알아맞힌다.
7. 알아맞히지 못하면 미리 정한 벌칙(노래나 춤)을 한다.

주의할 점

• 놀이 진행자는 한번에 두세 명을 숨게 할 수도 있는데, 몇 명이 숨었는지 알려 줄 수도 있다.

24 그물치기놀이

술래가 그물이 되어 물고기가 된 다른 사람들을 잡는다.

놀이 방법

1. 술래는 '그물'이 되고, 다른 사람들은 물고기가 된다.

2. 술래가 "시작!" 하면서 물고기들을 잡으러 간다. 술래가 친 사람은 함께 그물이 된다.

3. 그물은 손에 손을 잡고 다닌다. 만약 손이 끊어진 채로 치면 치인 사람은 술래가 되지 않는다.

4. 여럿이 그물이 되었을 때 맨 끝에 있는 두 사람만 칠 수 있다. 중간에 있는 술래들은 다른 사람들이 빠져나가지 못하게 막을 수는 있지만 칠 수는 없다.

5. 모든 물고기가 그물에 잡히면 놀이가 끝난다.

주의할 점

• 도망갈 수 있는 범위를 정한다.

25 짝 묶기

놀이 진행자가 손가락으로 표시하는 수만큼 짝을 묶는다.

놀이 방법

1. 모든 사람들이 원을 만들어 놀이 진행자가 있는 안쪽을 보고 선다.
2. 놀이 진행자의 신호에 따라 합창을 하면서 원을 그리며 돌아간다. 노래는 아무 노래나 부를 수 있지만 주로 〈손을 잡고 왼쪽으로 빙빙 돌아라〉 하는 노래를 한다.
3. 놀이 진행자가 호각을 불면서 손가락으로 숫자를 보여 주거나 큰 소리로 숫자를 부르면 그 수만큼 짝을 묶는다.
4. 짝을 묶지 못한 사람들은 미리 정해 놓은 장소에 모여 있는다. 다시 놀이가 시작될 때까지 기다려야 한다.
5. 놀이가 끝나면 모든 사람이 원을 만들어 놀이를 다시 시작한다.

주의할 점

• 마지막에 몇 명이 남을 때까지 할지 미리 정한다.

26 닭싸움

상대편이 들어 올린 발을 땅에 닿게 한다.

놀이 방법

1. 똑같은 수로 두 편을 나눈 뒤 5m 정도의 거리를 두고 마주 보고 선다.
2. 양 편에서 한 사람씩 가운데로 나온다.
3. 두 사람은 닭싸움의 기본 자세(한 발을 디디고 한 발은 허벅지에 가져와 발목을 한 손으로 잡는다)를 한다.
4. 두 사람은 외발로 무릎이나 몸으로 부딪쳐 상대편이 들어 올린 발을 떨어뜨려 땅을 딛게 하거나 넘어지게 한다.

5. 첫 번째 사람이 승부가 나면 두 번째 사람이 나와서 계속한다.
6. 모두 한 차례씩 끝난 뒤 이긴 사람 수에 따라 승부를 결정한다.
7. 다음 세 가지 방법으로 놀 수도 있다.
   1) 같은 번호끼리 동시에 한다.
   2) 각 편에서 한 명씩 나와서 하되, 이긴 사람은 계속하고 진 편에서만 상대를 바꾸는 방법으로 한다.
   3) 일정한 크기의 원을 긋고 금을 밟거나 금 밖으로 나온 사람은 진 것으로 한다.

27 번호대로 달리기

정해진 자기 번호가 불리면 자기가 속한 줄을 한 바퀴 돌아 누가 먼저 달리는지 겨룬다.

놀이 진행자

놀이 방법

1. 일고여덟 명이 한 편이 되도록 편을 나눈다.

2. 편마다 번호를 정해 차례대로 앉는다.

3. 놀이 진행자가 부르는 번호에 앉은 사람은 자기편 둘레를 재빨리 한 바퀴 돈 다음 자기 자리에 와서 앉는다.

4. 먼저 자리에 앉는 사람에게 1점을 준다.

5. 이렇게 해서 모든 사람들이 한 번씩 한 다음 점수를 합해 순위를 결정한다.

6. 놀이 진행자는 번호를 부를 때 '이(2)' '둘' '앞에서 두 번째' '뒤로부터 여섯 번째'와 같이 부를 수 있다.

28 노래 이어 부르기

놀이 진행자의 손 신호에 따라 노래를 멈추고 다음 사람이 노래를 이어 부른다.

놀이 방법

1. 학교에서 소풍이나 야영을 갔을 때 하기 좋은 놀이다.

2. 놀이 진행자가 노래를 시작하다가 어느 사람을 가리키면 그 사람이 이어서 노래를 부른다.

3. 이렇게 노래를 부르다가 놀이 진행자가 다른 사람을 손으로 가리키면 그 사람이 이어서 노래를 부른다.

4. 만약 먼저 노래 부른 사람이 손 신호에 맞춰 노래를 그치지 못하거나 다음 사람이 제대로 이어 부르지 못하면 진 것으로 한다.

5. 이렇게 해서 마지막 한 명이 남을 때까지 한다.

6. 놀이 진행자는 빠른 동작으로 지명해야 한다.

도구놀이

29 팽이치기

팽이를 고운 바닥이나 얼음판에 돌리는데, 오래 돌리기와 팽이 싸움을
하며 논다.

놀이 방법

1. 팽이를 고운 바닥이나 얼음판에 손으로 돌린 뒤 재빨리 팽이채를 휘둘러 세게 돌린다.

2. 누구 팽이가 오래 도는지 겨룬다.

3. 도는 팽이 두세 개를 맞부딪혀서 쓰러뜨리는 팽이 싸움도 할 수 있다.

팽이와 팽이채 만들기

준비물

둥근 나무를
깎아 만든 팽이

못이나 쇠구슬

나무 자루

헝겊 끈

① 팽이는 둥근 나무를 연필 깎듯이 깎고 끝 부분(연필의 심에 해당하는 곳)에 못이나 쇠구슬을 박아 만든다.

② 팽이는 전체 길이가 6cm가 넘지 않는 게 알맞다.

③ 팽이의 지름은 5~10cm가 좋다.

④ 팽이채는 질긴 가죽이나 천을 꼬아 나무 자루에 매달아 채찍처럼 만든다.

⑤ 나무 자루는 30~40cm 정도면 적당하고, 채의 길이는 40cm 정도면 좋다.

30 제기차기

세 가지 방법으로 제기를 찬다.

땅가지

양발차기

헐랭이

놀이 방법

1. 둘이서 차기도 하고, 네 명이 넘으면 편을 가른다.
2. 세 가지 방법으로 제기를 찬다.
   1) 땅가지 : 한 발로 차는데, 찰 때마다 차는 발이 땅에 닿아야 한다.
   2) 양발차기 : 두 발을 번갈아 가며 양발 안쪽으로 차거나 한 발은 안 쪽, 한 발은 바깥쪽으로 찬다.
   3) 헐랭이 : 차는 발이 땅에 닿지 않게 까불러 찬다.
3. 세 가지가 모두 끝났을 때 제기 찬 수를 더해 승부를 가린다.
4. 제기를 차다가 제기가 잘 안 차지면 손으로 제기를 받아 다시 찰 수 있 다. 이때는 그때까지 찬 숫자는 무효가 된다.
5. 진 편은 이긴 편에게 '종드리기'를 한다(종드리기는 82쪽에 있는 '동네 제기' 참고).

제기 만들기

① 철물점에 가서 적당한 크기의 와셔(볼트와 너트 사이에 끼우는 둥글고 얇은 쇠붙 이)를 고른다.

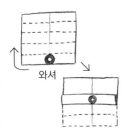

② 16절지 크기의 창호 지에 와셔를 놓고 돌 돌 만다.

③ 쇠붙이 가운데 구멍 을 뚫은 뒤 양쪽의 말 린 부분을 이 구멍으 로 꿰어 뽑는다.

④ 창호지를 길이로 잘 게 찢어 솔을 만든 뒤 솔을 두 손바닥에 비 벼서 가늘게 꼰다.

31 동네제기

동그랗게 모여 "동네" "제기"라는 말을 주고받으며 제기를 찬다.

놀이 방법

1. 둥그렇게 모여 선다.
2. 처음 제기를 가진 사람이 "동네" 하면서 제기를 공중에(대개 허리에서 어깨 높이) 차올린다.
3. 그렇게 차올린 제기가 자기 앞에 오면 "제기" 하면서 받아친다.

4. 이때 다른 사람이 슬쩍 가로채 자기 앞에 온 제기를 못 차거나, 헛발질하면 '종'이 되어야 한다.
5. 종이 된 사람은 앞서 "동네" 하며 제기를 찼던 사람에게 제기를 던져 드리는 '종드리기'를 해야 한다.

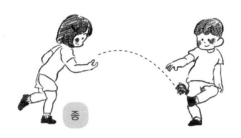

6. '종드리기'를 받는 사람이 헛발질을 하거나 제기를 찼지만 '종'이 받으면 종드리기가 끝난다.
7. '종드리기'를 받는 사람이 제기를 차면(이것을 '새끼차기'라고 한다) 그 수만큼 종드리기를 해야 한다. 이것이 끝나면 다시 시작한다. 새끼차기는 세 번 넘게 못 하도록 정해 놓는 게 좋다.

주의할 점

• 제기는 주로 발 안쪽으로 찬다.

32 줄넘기

노래에 맞춰 동작을 하며 긴 줄을 넘는다.

♪ 꼬마야 꼬마야!

술래

놀이 방법

1. 누구나 원하는 사람이 줄을 돌린다.

2. 줄을 돌리는 사람은 천천히 줄이 땅에 끌리도록 돌린다.

3. 줄 돌리는 사람이 부르는 노래에 맞춰 한 사람씩 줄 안으로 들어간다.

> ♬ 김 서방 들어오세요, 들어와서 인사하세요.

4. 이렇게 해서 모두 들어오면 다음 노래에 맞추어 동작을 한다.

> ♬ 꼬마야 꼬마야 뒤로 돌아라.
> 꼬마야 꼬마야 만세를 불러라.
> 꼬마야 꼬마야 땅을 짚어라.
> 꼬마야 꼬마야 잘 가거라.

5. '잘 가거라'에 줄 밖으로 한 사람씩 나온다.

6. 모두 다 같이 하지 않고, 한 사람씩 들어가 할 수도 있다.

7. 줄을 넘다가 줄에 걸리는 사람이 줄을 돌린다.

놀이 준비하기

· 새끼, 밧줄 따위로 긴 줄(5m 이상)을 마련한다.

· 줄 가운데 매듭이 없어야 한다.

33 고무줄

노래에 맞추어 고무줄을 뛰고, 딛고, 휘감으며 논다.

놀이 방법

1. 편을 가른다.
2. 고무줄을 기둥에 매기도 하고, 진 편이 고무줄을 붙잡는다.
3. 지방마다 노래와 동작이 조금씩 다르므로 정해진 원칙은 없으나 몇 가지 공통된 특징이 있다.
   1) 박자에 맞추어 놀이가 끝날 때 동작이 끝나야 한다.
   2) 노래가 새로 시작되면 고무줄 높이를 조금씩 올려 간다.

너무 높네.

   3) 마지막 동작은 고무줄을 밟으며 끝내는 경우가 많다.
   4) 박자를 못 맞추거나 고무줄을 밟아야 할 경우 고무줄이 엉키거나 튕겨 오르면 죽는다.
   5) 박자가 경쾌하고 빠른 노래로 가사를 바꾸어 부르는 경우가 많다.

놀이 준비하기

· 고무줄

34 숫자치기

공중에서 어미자로 새끼자를 쳐 낸다.

 공격 편　수비 편

어미자

새끼자

얘들아,
잡을 준비해.

놀이 방법

1. 편을 갈라 공격 편과 수비 편을 정한다.

2. 공격 편이 공격하는 자리인 원을 지름 2m 정도 되게 그린다.

3. 공격 편은 차례로 원 안에 들어가 한 손으로 새끼자를 들고 공중에 던진 뒤 어미자로 새끼자의 가운데를 힘껏 때려 쳐낸다.

4. 이때 수비 편은 원에서 어느 정도 떨어져 있다가 날아오는 새끼자를 받거나 발로 쳐서 원 쪽으로 보낸다.

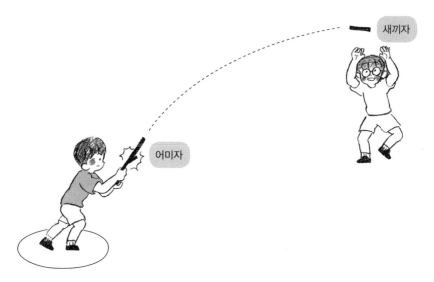

5. 수비 편이 날아온 새끼자를 받으면 공격자는 죽는다. 수비는 새끼자를 발로 차서 원 쪽으로 보낼 수 있다. 땅에 떨어진 새끼자는 차면 안 된다.

6. 새끼자가 땅에 떨어지면 수비 편 누군가가 발로 새끼자를 원 안으로 찬다.

7. 수비 편이 던진 새끼자가 떨어진 위치에 따라 공격자가 죽거나 산다.

1) 새끼자가 원 안이나 금에 떨어지면 공격자는 죽는다.
2) 새끼자가 원 밖에 떨어지면 어미자로 원의 금에서부터 재어 한 자가 안 되면 공격자는 죽는다.
3) 새끼자가 원의 금에서부터 한 자가 넘으면 산다.

8. 공격자가 살았을 경우, 어미자로 새끼자를 칠 기회가 세 번 주어진다.
9. 공격자는 새끼자를 튕겨 올려 멀리 보낸다.

10. 공격자가 원에서 떨어진 새끼자까지 거리를 어림잡아 "○○자" 하고 부른다. 튕겨 올린 새끼자를 한번에 바로 치면 어미자로 재고, 튀어 오른 새끼자를 한 번 위로 올리고 두 번째로 치면 새끼자로 잰다.

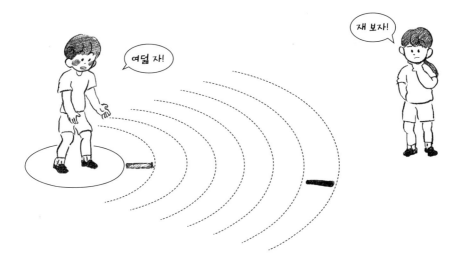

11. 수비 편이 눈으로 헤아려 적당하면 "그래, 먹어!" 한다.

12. 하지만 공격자가 부른 만큼 되지 않는다고 느끼면 "재 보자!" 한 뒤 잰다. 만약 재서 모자라면 공격자는 죽는다.

13. 이렇게 해서 공격 편이 모두 다 하면 수비 편이 공격 편이 되어 다시 놀이를 한다.

14. 목표 자수에 먼저 도달한 편이 이긴다.

주의할 점

- 몇 자(예:200자, 400자) 내기를 할지 미리 정한다. 여기서 '자'란 새끼자나 어미자의 한 길이를 말한다.

놀이 준비하기

· 나뭇가지 50~60cm 정도를 잘라 어미자를 만든다.

· 나뭇가지 10cm 정도를 잘라 새끼자를 만든다.

35 암자치기

구멍에 걸쳐 있는 새끼자를 어미자로 걸어 낸다.

공격 편 수비 편

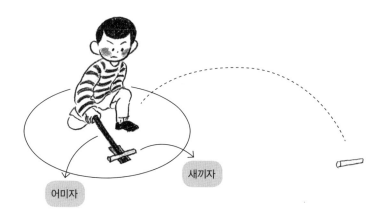

새끼자

어미자

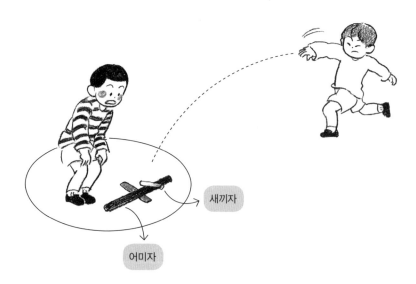

새끼자

어미자

놀이 방법

1. 편을 갈라 공격 편과 수비 편을 정한다.
2. 공격자는 미리 파 놓은 구멍을 중심으로 그린 원 안에 들어간다.
3. 공격자는 새끼자를 구멍에 가로로 걸쳐 놓고 어미자를 구멍에 넣어 새 끼자를 힘껏 걷어 낸다. 이때 수비가 새끼자를 받으면 공격자는 죽는 다. 수비자는 새끼자를 발로 차서 원 쪽으로 보낼 수 있다. 땅에 떨어진 새끼자를 차면 안 된다.
4. 공격자는 어미자를 구멍에 가로로 걸쳐 놓는다.
5. 수비자는 새끼자가 떨어진 곳에서 새끼자로 어미자를 맞힌다.
6. 수비자가 던진 새끼자가 구멍에 들어가거나 어미자를 맞히면 공격자 는 죽는다.
7. 새끼자가 구멍 가까이 떨어지면 어미자로 재서 한 자가 넘지 않으면 공격자는 죽는다.

8. 그 뒤는 '숫자치기' 8번부터 같다.

놀이 준비하기

· 어미자, 새끼자를 준비한다('숫자치기'놀이 참조).
· 땅에 폭 3~4cm, 깊이 5~10cm, 길이 15~20cm 정도의 구멍을 판다.

36 발자치기

새끼자를 발로 쳐 내고 새끼자가 떨어진 거리를 잰다.

앞부리로 새끼자를
떠 올린 뒤 찬다

놀이 방법

1. 숫자치기와 놀이 방법이 같으나 어미자 대신 발을 쓴다는 것이 다르다.

2. 공격자는 원 안에서 발로 새끼자를 쳐 낸다.

3. 발 앞부리로 새끼자를 차올려서 세 번 치기로 발로 차 낸다. 그 뒤는 숫자치기와 같다.

주의할 점

• 자수를 새끼자로 할지, 발 길이로 할지 미리 정한다.

놀이 준비하기

· 나뭇가지 10cm 정도를 잘라 새끼자를 만든다.

10cm

37 얼음 축구

얼음판에서 하는 축구 놀이다.

놀이 방법

1. 축구와 형식이 같다.

2. 얼음 조각 두 개로 골대를 만들고, 골대 넓이는 1m를 넘지 않는다.

3. 공 대신 손바닥만 한 두꺼운 얼음 조각을 쓴다.

4. 다리 걸기, 밀기, 상대편 발로 차기 같은 반칙 외에는 관대하게 규칙을 정한다.

5. 한 편은 다섯 명이 넘으면 좋고, 열 명을 넘지 않는 게 좋다.

얼음판과 어린이

얼음판은 아이들이 가장 좋아하는 놀이터인데, 미끄러지는 성질이 아이들에게 유난히 재미를 느끼게 한다. 아이들의 유연한 몸은 어른과 달리 조금도 위험하지 않게 얼음판 위에서 뛰고, 뒹굴고, 미끄러지고, 넘어지면서 논다.

38 썰매 타기

얼음판에서 썰매를 탄다.

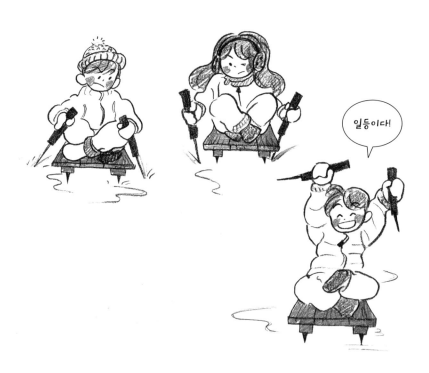

놀이 방법

1. 달리기, 방향 바꾸기, 멈추기를 연습해야 한다.

2. 누가 빨리 달리나, 누가 오래 달리나 같은 경주를 할 수 있다.

3. 일정한 거리까지 썰매를 지치고 가다가 더 이상 지치지 않고 멀리 가기 경주를 하기도 한다.

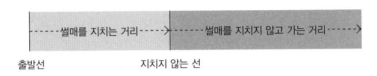

------썰매를 지치는 거리----→ -----썰매를 지치지 않고 가는 거리-----→

출발선   지치지 않는 선

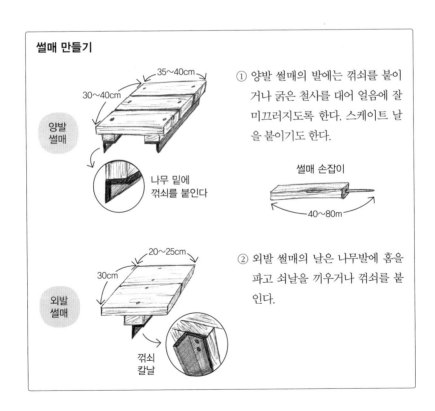

썰매 만들기

35~40cm

30~40cm

양발 썰매

나무 밑에 꺾쇠를 붙인다

① 양발 썰매의 발에는 꺾쇠를 붙이거나 굵은 철사를 대어 얼음에 잘 미끄러지도록 한다. 스케이트 날을 붙이기도 한다.

썰매 손잡이

40~80m

20~25cm

30cm

외발 썰매

꺾쇠
칼날

② 외발 썰매의 날은 나무발에 홈을 파고 쇠날을 끼우거나 꺾쇠를 붙인다.

39 연날리기

연을 높이, 멀리 날리는 연 겨루기와 연줄을 끊는 연싸움을 하며 논다.

놀이 방법

1. 연 겨루기는 높이 띄우기와 멀리 보내기가 있다.
2. 연싸움은 풀과 사금파리 가루, 유리 가루를 섞어 연줄에 바른다.

주의할 점

• 바람 부는 언덕이 연날리기 가장 좋은 곳이다.

연 만들기

① 연의 종류는 크게 방패연과 가오리연
(꼬리연)이 있다.
② 방패연에는 태극무늬나 반달, 나비를
그려 넣어 여러 이름이 붙게 된다. 가오
리연은 종이를 길게 오려서 꼬리를 붙
이는 게 특징이다.
③ 얼레는 평각, 4각, 6각, 8각처럼 종류가
많지만, 보통 평각과 4각 얼레를 쓰고,
6각과 8각은 연싸움하기에 좋다.
④ 연줄은 예전에는 무명실이나 비단실을
썼으나, 요즘은 질긴 나일론 실을 쓴다.
⑤ 그밖에 공작, 지네, 용, 솔개 같은 동물
의 모습을 딴 특수한 연도 있다.

방패연

가오리연

평각 얼레

4각 얼레

6각 얼레

겨울철 놀이였던 연날리기

연날리기는 원래 겨울철 놀이였다. 북서풍이 몰아치는 눈 쌓인 벌판을 이리저리 달리며
연줄을 당기고, 풀고, 연들을 걸어 끊어 먹는 싸움을 하던 것이 우리 조상들의 연 날리
는 모습이었다. 신라 시대까지 거슬러 올라가는 연날리기는 초겨울부터 시작해서 정월
들어 설날부터 정월대보름까지 놀이판이 벌어지곤 하였다.

40 공기받기

땅바닥에 밤톨만 한 돌 다섯 개를 놓고 논다.

놀이 방법

1. 한 알 집기(초집기) : 공기 다섯 알을 던져서 흩어 놓고, 한 알을 집어 공중에 던져 놓고, 나머지 네 알을 차례로 한 알씩 집어 받아 낸다.
2. 두 알 집기(두집기) : 공기 다섯 알을 던져서 흩어 놓고, 한 알을 공중에 올려 놓고 두 알을 잡는다. 그 뒤 손 안에 있는 공기 한 알을 던져 나머지 두 알을 잡는다.

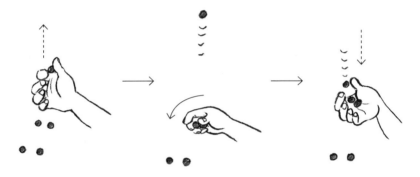

3. 세 알 집기(세집기) : 한 알을 공중에 올려 놓고 세 알을 먼저 집고 나머지 한 알을 집어 받아 낸다.

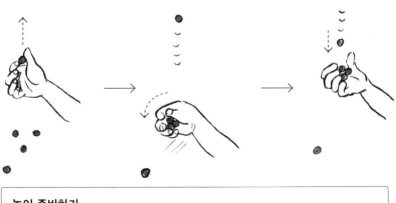

놀이 준비하기

· 공기 다섯 알

---

4. 네 알 집기(막집기) : 공깃돌을 손 안에 모두 쥐고 한 알을 위로 올린 뒤 네 알을 땅에 놓고 한 알을 받은 뒤. 다시 위로 한 알을 올리고 네 알을 집어 받아 낸다.

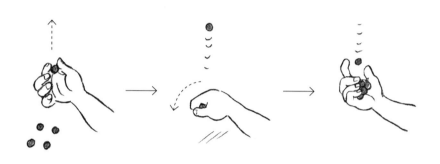

5. 고추장 찍기 : 한 알을 위로 올리고 검지 손가락으로 땅을 찍고 받아 낸다.

6. 꺾기 : 다섯 알을 위로 던지고 손등으로 받아 다시 위로 올린 뒤 공중에 서 잡아챈다. 이때 두 알 이상 손등으로 못 받거나, 잡아챌 때 모두 못 받으면 죽는다.

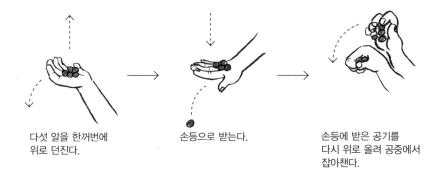

다섯 알을 한꺼번에
위로 던진다.

손등으로 받는다.

손등에 받은 공기를
다시 위로 올려 공중에서
잡아챈다.

7. 나이 먹기 : 꺾기로 받아 낸 수만큼 나이를 먹고 계속하면서 나이를 보
   탠다. 그래서 약속한 나이에 먼저 도달한 편이 이긴다.
8. 다음의 경우는 죽는다.
   1) 돌을 집을 때 다른 돌을 움직일 때.
   2) 던져 올린 공깃돌을 못 받거나 정해진 공깃돌을 미처 못 집을 때.

주의할 점
• 몇 살까지 나이를 먹을지 미리 정한다.

41 많은 공기

많은 공깃돌을 쏟아붓고, 두 알에서 다섯 알까지 집는다.

놀이 방법

1. 공깃돌을 200~300알 정도 주워서 땅 위에 쏟아 놓는다.
2. 가위바위보를 해서 이긴 쪽부터 한 알을 떼어 내고 그것을 공중에 던져 올린 뒤 두 알부터 다섯 알까지 마음대로 집어 받아 낸다.
3. 도중에 공깃돌을 건드리거나 던져 올린 돌을 못 받으면 죽는다.
4. 공깃돌이 다 없어질 때까지 하고, 많은 공깃돌을 모은 편이 이긴다.

종합적이고 전인적인 학습이 되는 공기놀이

우리 놀이는 우리 겨레의 신체 구조와 감정의 흐름에 맞도록 만들어지고 전해져 왔다. 공기놀이를 보면, 흙바닥에서 다섯 알의 돌을 가지고 손등에 올려서 던지고 받고 훑어 쥐고 잡아챈다. 그 과정을 보면 우리 겨레의 삶과 지혜가 무르녹아 있음을 엿볼 수 있다. 던지고 받는 것은 판단력과 민첩성을 기르는 것이고, 땅바닥에 손바닥을 부비는 것은 흙과 친숙한 자연인 본래의 삶을 가르치는 것이다. 손등과 손바닥은 돌과 흙에 닿으면서 경락을 자극하여 건강한 몸을 유지할 수 있게 도와준다. 던지고 받고 꺾으면서 수 개념과 공간 지각력이 저절로 생기고, 손재주를 키우는 종합적이고 전인적인 학습인 것이다.

42주먹 공기

주먹을 쥔 손등으로 공중에 뿌린 공기를 받는다.

놀이 방법

1. 두 편이 작은 공깃돌 100개 정도씩 준비해서 적당히 흩어 놓는다.
2. 손에 잡힐 정도의 공깃돌을 두 손으로 움켜서 공중에 던진다.
3. 주먹 쥔 손등으로 내려오는 공기를 받는다.
4. 하나가 얹히면 공깃돌을 하나씩 집고, 두 개가 얹히면 공깃돌을 두 개씩 집어 따먹는다.
5. 도중에 틀리면(공깃돌을 떨어뜨리거나 다른 공깃돌을 건드리면) 공깃돌을 물어 내놓아야 한다. 한 알씩 집을 때는 열 알을, 두 개씩 집을 때는 스무 알을, 세 개씩 집을 때는 서른 개를 내놓는다. 더 이상 줄 공깃돌이 없으면 빚을 지게 된다.

6. 정해진 수를 먼저 딴 편이 이긴다.

주의할 점

• 미리 따먹을 수를 정해야 한다.

43 구슬치기(1)

신발 뒤꿈치로 구멍을 파고, 그 구멍에 구슬을 던지는 놀이다.

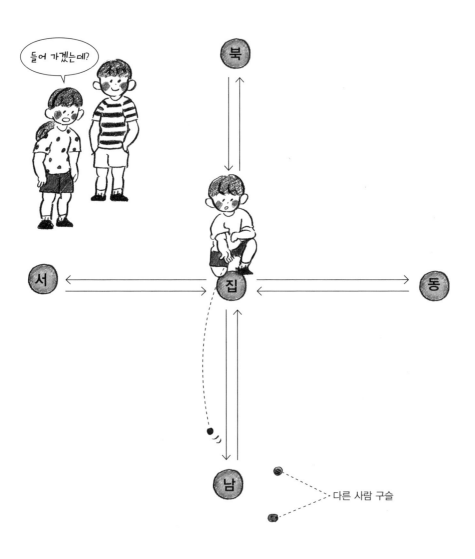

다른 사람 구슬

놀이 방법

1. '북'에서 '집' 쪽으로 구슬을 던져서 구멍에 들어가거나 구멍에서 가까운 사람 순으로 차례를 정한다.
2. 첫 번째부터 집에서 동쪽으로 구슬을 던져 구멍에 넣었다가 다시 집으로 구슬을 던진다.
3. 이때 던진 구슬이 구멍에 들어가지 않았을 경우, 구슬은 그대로 두고 다음 사람이 한다.

4. 이런 방법으로 동→서→남→북 차례로 한다.
5. 구슬이 구멍에 들어가면 가까이에 있는 다른 구슬을 손으로 튕겨 맞혀 먹는다.
6. 네 방향의 구멍에 구슬을 넣고, 집으로 먼저 돌아오는 사람이 이긴다.
7. 이긴 사람이 다음번에 처음으로 시작하고, 진 사람들은 가위바위보로 차례를 정한다.

놀이 준비하기

· 신발 뒤꿈치를 돌려 맨땅에 깊이 3~5cm, 10cm 지름 정도의 작은 구덩이를 다섯 개 만든다.

44 구슬치기(2)

세모 안에 모아 놓은 구슬을 맞춰 따먹는다.

앞금

3~4m

뒷금

놀이 방법

1. 세모 안에서 앞금으로 구슬을 던져 금에 가장 가깝게 던진 사람 순으로 차례를 정한다.
2. 자기 차례가 되면 앞금에서 한 발 앞으로 내딛으며 구슬을 힘껏 던져 세모 안의 구슬을 맞힌다.
3. 구슬이 맞았을 때 세모 밖으로 나온 구슬은 자기가 갖는다. 던진 구슬이 세모 안에 들어가거나 세모 금에 닿으면 죽는다. 이때는 그동안 딴 구슬을 모두 세모 안에 넣어야 한다.
4. 앞금 차례가 다 끝나면 뒷금에서 계속한다.
5. 구슬이 모두 없어지거나 한 개 남으면 놀이를 다시 시작한다.
6. 세모 안에 넣을 구슬 수를 다시 정하고, 처음처럼 차례를 정해 계속한다.

주의할 점

• 세모 안에 구슬을 몇 알씩 넣을지 미리 정한다.

놀이 준비하기

· 6~8m 정도 거리에 앞금과 뒷금을 긋는다
· 가운데에 세모를 그린다. 세모의 길이는 20cm가 알맞다.
· 세모와 앞금, 뒷금의 거리는 3~4m정도이다.

45 딱지치기

상대편의 딱지를 쳐 넘겨서 따먹는다.

놀이 방법

1. 가위바위보로 딱지 칠 차례를 정한다.
2. 딱지가 얇으면 바람치기를 한다. 바람치기는 딱지에 오른발이나 왼발을 가까이 대고 자기 딱지로 다른 딱지를 쳐 넘기는 것을 말한다.
3. 딱지가 두꺼우면 배꼽치기를 한다. 배꼽치기는 딱지를 옆에서 비스듬히 치거나 위에서 내리치는 것을 말한다. 넘어간 딱지는 자기가 갖는다.

딱지 만들기

① 못 쓰는 두꺼운 종이(얇은 종이를 여러 겹 포개도 된다)로 딱지를 만든다.
② 종이 두 장을 가로와 세로로 놓고 그림과 같은 방법으로 딱지를 만든다.

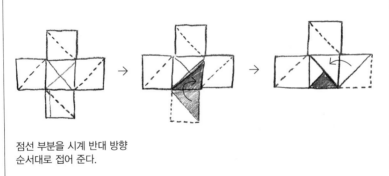

점선 부분을 시계 반대 방향
순서대로 접어 준다.

첫 번째로 접은 부분을   완성
벌려 넣어 준다.

46 넉줄고누

가로줄과 세로줄이 네 줄씩 그려진 말판에서 상대방의 말을 내 말 사이
에 가두어 먹는다.

놀이 방법

1. 말 네 개를 나란히 놓는다.
2. 번갈아 가며 한 칸씩 앞, 뒤, 좌, 우로 움직인다.
3. 내 말 두 개 사이에 상대방 말이 하나 있게 되면
   그것을 잡아먹는다. 아래 그림에서는 흰 말이
   검은 말을 잡아먹을 수 있다.

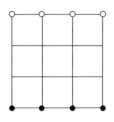

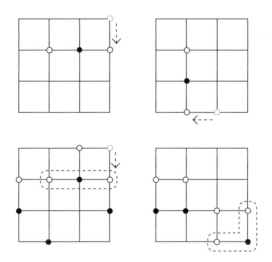

4. 말 네 개가 나란히 있을 때는 아무도 못 먹는다.
5. 줄 수를 5, 6, 8, 10로 늘여서 놀 수도 있다. 이때에도 노는 방법은 넉줄
   고누와 같다.

놀이 준비하기

· 땅이나 종이에 가로줄과 세로줄을 네 줄씩 그려 말판을 준비한다.
· 돌멩이나 바둑알로 '말'을 삼고, 한 편이 4개씩 준비한다.

47 곤질고누

말판 위에서 자기편 말 세 개가 나란히 놓이면 "곤질이"를 외치고 상대편 말을 먹는다.

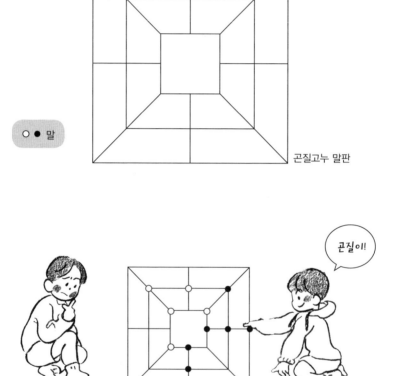

○ ● 말

곤질고누 말판

곤질이!

말 12개

말 12개

놀이 방법

1. 서로 번갈아 가며 놀이판에 말을 놓는다.
2. 자기 말 세 개가 가로, 세로, 대각선으로 나란이 놓이면 "곤질이" 하고 외친다.
3. "곤질이"를 외치면 상대편 말 하나를 먹고, 그 자리에 × 표시를 한다.

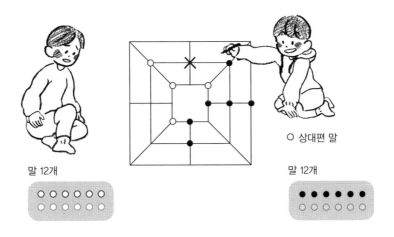

○ 상대편 말

말 12개

말 12개

4. × 표시가 된 곳에는 어느 편이든 말을 못 놓는다.
5. 말을 놓을 자리가 없으면 × 표시를 지우고, 말을 한 칸씩 움직여 '곤질이'를 만들어 간다.
6. 이때에도 자기 말이 세 개가 나란히 놓여 '곤질이'가 되면 "곤질이"를 외치고 상대편 말 하나를 먹는다.
7. 말이 모두 죽거나 어느 편의 말이 세 개가 안 되면 진다.

놀이 준비하기

· 땅이나 종이에 말판을 그려서 준비한다.
· 한 편이 말을 12개씩 준비한다.

48 호박고누

상대편 말이 더 이상 움직일 수 없게 되면 이긴다.

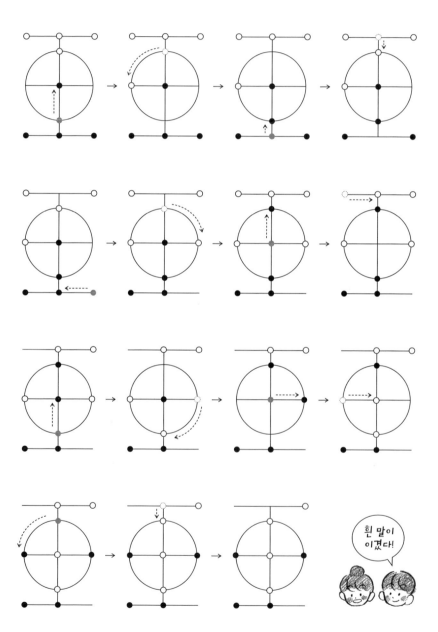

흰 말이
이겼다!

놀이 방법

1. 말판과 말을 네 개씩 준비하고, (가)처럼 말을 놓는다.

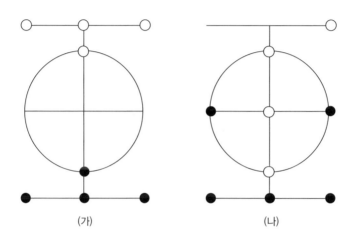

(가)   (나)

2. (가)에서 시작한 고누가 (나)처럼 되면 흰 말은 더 이상 움직일 수 없어 검은 말이 이기게 된다.
3. 말은 한 칸씩 움직일 수 있으며, 뒤로 물러날 수 없다.
4. 적진에 깊숙이 들어가지 않고 상대방을 유인해 길을 끊어 놓아야 이길 수 있다.

놀이 준비하기

· 땅이나 종이에 말판을 그려서 준비한다.
· 한 편이 말을 4개씩 준비한다.

---

49 자동차고누

자동차 바퀴를 돌면서 상대편 말을 먹는다.

놀이 방법

1. 말을 움직일 때는 전후좌우 한 칸씩 움직일 수 있다.

2. 바퀴를 돌 때에는 그 선을 따라 여러 칸 원하는 만큼 계속 돌 수 있다.

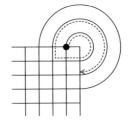

3. 바퀴를 돌면서 상대편 말이 있으면 딸 수 있다. 앞에 말이 있어도 바퀴를 돌지 않으면 상대편 말을 딸 수 없다.

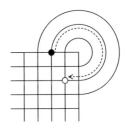

4. 상대편 말을 딴 다음에는 그 자리에 말을 놓아야 하고, 차례가 바뀐다.

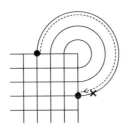
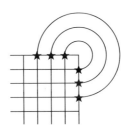

5. 바퀴를 돌 때는 반드시 말이 바퀴가 시작하는 지점(★자리)에 놓여 있어야 하고, 자기 말이 있으면 돌 수 없다.

6. 상대편 말을 다 딴 사람이 이긴다.

놀이 준비하기

· 땅이나 종이에 말판을 그려 준비한다.

· 주사위와 말을 준비한다. 말은 한 편이 11개씩 준비한다.

50 깃대 세우기

모래나 흙을 모아 깃대를 세우고, 깃대가 쓰러지지 않게 모래를 빼낸다.

놀이 방법

1. 모래나 흙더미 위에 깃대를 세운다.

2. 차례대로 깃대가 쓰러지지 않도록 모래나 흙을 조금씩 걷어 낸다.

3. 만일 자기 차례가 되어서 모래를 걷어 내다 깃대를 쓰러뜨리면 벌칙을 받는다.

4. 자기 차례가 되면 반드시 조금이라도 흙을 걷어 내야 한다.

놀이 준비하기

· 흙이나 모래를 긁어모을 수 있는 곳이 놀이하기에 알맞다.

· 깃대로 쓸 나무젓가락이나 나뭇가지를 준비한다.

51 실뜨기

실을 손에 건 뒤 실을 건져 올려 여러 모양을 만든다.

놀이 방법

1. 실을 이어 양쪽 엄지와 집게손가락에 벌려 건다.
2. 양쪽 손가락을 이용해 걸어 내리거나 걸어 올려 새로운 모양으로 실을 뜬다.
3. 같은 모양이 나오거나 실이 엉키거나 풀어지면 죽는다.
4. 한꺼번에 두 가닥 이상씩 걸어서는 안 된다.

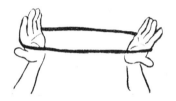
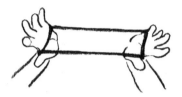

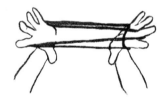
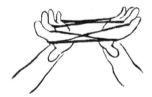

놀이 준비하기

· 60cm~80cm 정도의 질긴 실

52 성냥개비놀이

성냥개비를 던진 뒤 붙어 있는 성냥개비를 떼어 낸다.

놀이 방법

1. 차례를 정한 다음 성냥개비 30~50개 정도를 손에 쥐고 위에서 흩뿌려 떨어뜨린다.

2. 성냥개비끼리 붙은 것은 놔두고, 서로 떨어진 것은 옆으로 치운다.
3. 붙은 성냥개비를 손으로 차례차례로 떼어 낸다. 미리 딴 성냥개비를 이용해도 된다. 만약 떼어 내다가 다른 성냥개비가 움직이면 차례가 바뀐다.
4. 떼어 낸 성냥개비는 자기가 갖는데, 많이 딴 사람이 이긴다.

놀이 준비하기

· 성냥개비를 준비한다.

53 비사치기(1)

세워 놓은 돌이나 나무토막을 비석으로 삼아 쓰러뜨린다.

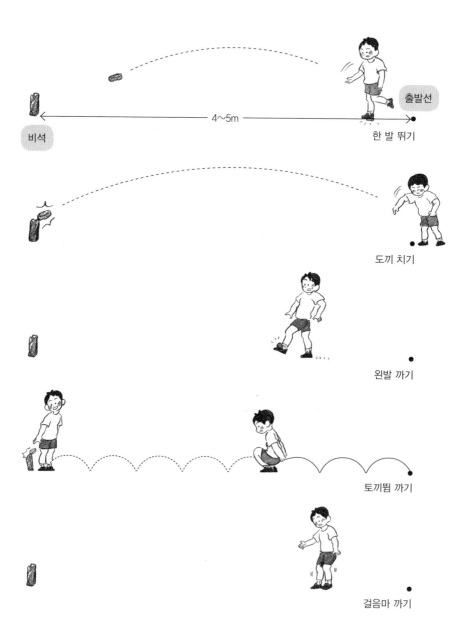

출발선

비석

4~5m

한 발 뛰기

도끼 치기

왼발 까기

토끼뜀 까기

걸음마 까기

놀이 방법

1. 두 편으로 나눈 뒤 가위바위보를 해서 진 편은 돌을 금에 세워 놓는다.
2. 이긴 편은 다음 차례로 비석을 맞힌다.

  1) 한 발 뛰기 : 자기 비석을 한 발 거리 앞에 던지고, 깨금발로 뛰어 비석 위를 딛는다. 그런 뒤 옆으로 비켜 딛고 깨금발을 한 채로 비석을 집어 들어 상대 비석을 쓰러뜨린다.

  2) 두 발 뛰기 : 두 발 거리 앞에 비석을 던지고, 위와 같이 한다.

  3) 세 발 뛰기 : 세 발 거리 앞에 비석을 던지고, 위와 같이 한다.

  4) 도끼 치기 : 금 밖에서 비석을 던져 상대편 비석을 단번에 쓰러뜨린다.

  5) 왼발 까기 : 왼발 발등에 비석을 올려놓고 걸어가 상대편 비석을 쓰러뜨린다.

  6) 오른발 까기 : 오늘발 발등에 비석을 올려놓고 걸어가 상대편 비석을 쓰러뜨린다.

  7) 토끼뜀 까기 : 등 뒤로 비석을 쥐고 토끼뜀으로 뛰어가 돌아서서 비석을 놓으며 상대편 비석을 쓰러뜨린다.

  8) 걸음마 까기 : 무릎 사이에 비석을 끼고 걸어가 상대편 비석을 쓰러뜨린다.

  9) 똥꼬 까기 : 사타구니에 비석을 끼고 걸어가 상대편 비석을 쓰러뜨린다.

놀이 준비하기

· 땅바닥에 세울 수 있는 손바닥만 한 납작한 돌이나 나무토막을 준비한다.

· 거리가 4~5m 정도 되는 두 금을 긋는다. 한 금은 출발선이 되고 한 금은 비석을 세우는 자리가 된다.

10) 배사장 : 배를 내밀고 가슴 위에 비석을 올려놓고 걸어가 상대편 비석을 쓰러뜨린다.

11) 술병 쥐기 : 오른손과 왼손을 차례로 술병을 쥔 모양의 손 위에 비석을 놓고 걸어가 휙 던져 상대편 비석을 쓰러뜨린다.

12) 신문팔이 : 오른쪽, 왼쪽 겨드랑이에 차례로 비석을 끼고 걸어가 떨어뜨려 상대편 비석을 쓰러뜨린다.

13) 턱 까기 : 턱과 목 사이에 비석을 끼우고 걸어가 상대편 비석을 쓰러뜨린다.

14) 장군 : 오른쪽, 왼쪽 어깨 위에 말을 차례로 올려놓고 떨어트려 상대편 비석을 쓰러뜨린다.

15) 떡장수 : 머리 위에 비석을 올려놓고 걸어가 상대편 비석을 쓰러뜨린다.

3. 비석을 맞힌 사람은 또 할 수 있다.

4. 이때 한 개라도 상대편 비석이 살아 있으면 놀이 편이 바뀐다.

5. 중간에 비석을 못 맞힌 사람은 죽는다. 그러나 자기편 누군가가 모두 맞춰 다음 단계로 넘어가면 다음 단계에서 할 수 있다.

6. 이긴 편이 비석을 옮겨 가는 동안 상대편은 온갖 재미있는 표정, 익살스러운 몸짓과 노래, 소리를 내서 비석을 떨어뜨리게 한다.

예) 배사장 : "사장님, 웬 배가 그렇게 불러요?"

신문팔이 : "신문 파세요? 얼마요?"

떡장수 : "떡 안 사요."

비사치기의 여러 이름

비사치기는 지방에 따라 비석치기, 비석까기, 망까기 따위로 불리는 오래된 놀이다. 요즘은 비사치기를 표준어로 쓴다. 비석치기 이름에는 이런 유래가 전해진다. 봉건시대, 탐관오리들은 그 자리를 떠나면서 송덕비를 세웠는데, 끼니를 잇기 어려운 백성들은 원수 같던 이 비석을 엎거나 깨뜨려 버리지 못하고 억눌린 마음을 비석치기 놀이로 달랬다고 한다.

54 비사치기 (2)

세워 놓은 돌이나 나무토막을 열 가지 방법으로 넘어뜨리는 놀이다.

놀이 방법

1. 가위바위보로 진 편은 금에 비석을 세운다.
2. 이긴 편은 차례대로 말을 던진다.
   1) 돌아서서 다리 가랑이 사이로 말을 던져 넘어뜨린다.
   2) 두 걸음 : 두 걸음 앞으로 걸어 나가 말을 땅 위에 놓고 차서 넘어뜨린다.
   3) 세 걸음 : 말을 발등에 올려놓고 세 걸음 앞으로 걸어가 발등으로 던져 넘어뜨린다.
   4) 네 걸음 : 말을 두 발 사이에 끼우고 모두 발로 네 걸음 뛰어 나가 두 발로 던져 맞힌다.
   5) 다섯 걸음 : 말을 무릎 사이에 끼우고 모두 발로 다섯 걸음 앞으로 뛰어 나가 두 무릎 사이로 던져 맞힌다.

다섯 걸음

놀이 준비하기

· 저마다 비석(납작한 돌이나 나무토막)과 말(던지기 좋은 돌)을 준비한다. 말은 크기와 무게가 비슷해야 한다.
· 여덟 걸음 이상 되는 두 금을 긋는다. 한 금은 출발선이 되고, 한 금은 비석을 세우는 자리가 된다.

6) 여섯 걸음 : 말을 겨드랑이에 끼우고 여섯 걸음 나가 겨드랑이에서 떨어뜨리며 맞힌다.

여섯 걸음

7) 일곱 걸음 : 말을 어깨 위에 올려놓고 일곱 걸음 걸어 나가 어깨로 던져 맞힌다.

일곱 걸음

8) 여덟 걸음 : 말을 목 뒤에 올려놓고 여덟 걸음 나가서 목으로 던져 맞힌다.

여덟 걸음

9) 말을 머리 위에 이고 제 마음대로 걸어 나가 고갯짓으로 던져 맞힌다.

10) 말을 손에 쥐고 눈을 감고 제 마음대로 걸어 나가 던져 맞힌다. 이 때 걸어 나가다가 서게 되면 그 자리에서 말을 던져 맞혀야 한다.

주의할 점

• 놀이하는 사람 수에 따라 한 사람이 열 가지를 다 할 수도 있고, 하나씩 할 수도 있다.
• 비석 뒤쪽에 사람이 있으면 위험하므로 비석을 세운 뒤에는 다른 곳으로 피해 있어야 한다.

55 까막잡기

술래는 수건으로 눈을 가리고 손뼉 소리로 다른 사람을 잡는다.

놀이 방법

1. 술래를 정해 수건으로 눈을 가리고 나머지 사람들은 손뼉을 치며 술래를 피해 달아난다.
2. 술래에게 손으로 치이거나 잡히면 술래가 바뀐다.

주의할 점

• 실내에서 하는 놀이지만, 밖에서 할 때는 금을 그어 금 밖으로 나가지 않도록 한다.

놀이 준비하기

· 눈 가릴 수건

수건

56 수건돌리기

술래가 둥그렇게 모여 앉은 사람들을 돌다가 슬그머니 수건을 놓는다.

놀이 방법

1. 둥그렇게 모여 앉은 다음 술래를 정한다.

2. 술래는 수건을 들고 자기 자리에서 일어나 둘러앉은 사람 뒤를 빙빙 돈다.

3. 술래는 한 사람 등 뒤에 몰래 수건을 놓고 계속 돈다.

4. 앉아 있는 사람들은 절대로 뒤를 돌아다봐서는 안 되고, 손을 뒤로 더듬어 수건이 자기 뒤에 있는지 확인한다.

5. 수건이 잡히면 재빨리 집어 들고 술래 뒤를 쫓고, 술래를 잡으면 술래가 벌을 받아야 한다.

6. 술래는 수건을 놓은 뒤 재빨리 한 바퀴를 도는데 쫓는 사람 자리에 앉으면 술래에서 벗어난다.

7. 만일 수건이 자기 뒤에 놓인 줄 모르고 있다가 술래가 등을 치면 그 사람은 술래가 된다.

주의할 점

• 술래가 받을 벌칙을 미리 정한다.
• 술래가 등 뒤를 돌 때 다 같이 노래를 하면 좋다.

놀이 준비하기

· 수건

57 깡통차기

술래가 숨은 사람을 찾은 뒤 "꽝" 하고 소리치며 깡통을 찍는다.

놀이 방법

1. 술래를 정한다.
2. 술래 아닌 사람들 가운데 한 사람이 깡통을 세 번 연거푸 차서 멀리 보내면 그 사이 다른 사람들은 숨는다.
3. 술래는 원 옆에 서 있다가 깡통차기가 끝나면 재빨리 깡통을 주워 원 안에 놓고 숨은 사람들을 찾으러 다닌다.

4. 술래는 숨은 사람을 찾으면 재빨리 달려와 그 사람 이름을 부르며 깡통을 찍으며 "꽝" 하고 소리를 낸다.
5. 숨은 사람이 술래 몰래 "꽝" 하고 깡통을 차면 다음번 술래를 면한다.
6. 술래가 이 깡통을 원에 가져다 놓을 때까지 숨지 못하면 그 사람은 죽는다.
7. 술래는 찾다가 못 찾으면 "못 찾겠다 꾀꼬리" 하고 외친다. 못 찾은 사람들은 술래를 면한다.
8. 술래에게 들킨 사람들끼리 가위바위보를 해서 술래를 정해 다시 시작한다.

주의할 점

• 숨는 범위를 정해야 한다.

놀이 준비하기

· 깡통

58 세 번 돌고 절하기

술래가 눈을 가리고 세 번을 돈 뒤 절을 하면
절을 받은 사람이 술래가 된다.

놀이 방법

1. 가위바위보로 술래를 정한다.

2. 술래는 준비한 수건으로 눈을 가리고 둥근 줄 가운데 선다.

3. 나머지 사람들은 손을 잡고 빙빙 돌며 세 번 묻고 술래는 물음에 답한다.

   1) 첫 번째 물음 : "당신은 누구십니까?"

      대답 : "나는 장님입니다."

   2) 두 번째 물음 : "무얼 찾아 여기 왔어요?"

      대답 : "놀고 싶어서 여기 왔어요."

   3) 세 번째 물음 : "그럼 세 번 돌고 절해 보세요."

4. 세 번째 물음에 술래는 "하나 둘 셋" 하면서 제자리에서 세 번 돌고 선 다음 정면을 향해 절한다.

5. 술래에게 절을 받은 사람이 술래가 된다.

6. 만약 절한 쪽에 사람이 없으면 다시 술래가 된다.

눈을 가린다

술래는 세 번 돌고 절한다

제발 내 앞에서 절하지 마.

놀이 준비하기

· 눈 가릴 수건

수건

59 토끼 찾기

술래는 호랑이가 되어 자기 등을 쿡 찌른 토끼를 찾는다.

토끼

술래

슬쩍 친구들
틈에 앉는다

놀이 방법

1. 가위, 바위, 보 가운데 어느 하나를 없애기로 미리 정해 놓는다.

2. 가위바위보를 하다가 없애기로 한 것을 내는 사람이 술래가 된다.

3. 여러 명이 실수를 했으면 그 아이들끼리 가위바위보를 해서 마지막 남은 사람이 술래가 된다.

4. 술래는 호랑이가 되어 한가운데 나와 앉아 수건으로 눈을 가린다.

5. 술래 모르게 한 사람을 토끼로 정한다.

6. 토끼는 술래 등을 쿡 찌르고 슬쩍 친구들 틈에 끼어 앉는다.

7. "됐어." 하고 신호하면 술래가 눈을 풀고 숨은 토끼가 누구인지 찾아낸다.

8. 토끼가 발각되면 가운데 나와 춤을 추거나 노래를 부른다. 못 찾았을 경우엔 술래가 노래하거나 춤을 추어야 한다.

잘 추네.

놀이 준비하기

· 눈 가릴 수건

수건

60 공으로 꼬리 맞히기

공으로 꼬리에 있는 사람을 맞히는 놀이다.

놀이 방법

1. 놀이할 사람들이 한 줄로 서서 "하나, 둘"을 반복해서 부르고, 같은 번호끼리 편이 된다.

2. '하나' 편은 원 안에 들어가 앞 사람의 허리를 잡고 한 줄로 선다.

3. '둘' 편은 원 밖에서 공을 가지고 원 안에 있는 꼬리를 맞힌다.

4. 원 안에 있는 사람들은 꼬리가 공에 맞지 않도록 이리저리 피하거나 가로막아 선다. 이때 공을 손이나 발로 쳐 낼 수 있다.

5. 꼬리가 공에 맞으면 죽은 것이 되어 밖으로 나와야 한다.

6. 허리가 끊어지면 끊어진 뒷사람들은 다 죽은 것이 된다.

7. 원 안에 있는 사람이 모두 죽을 때까지 계속하거나 시간을 정해 남아 있는 수가 많은 편이 이긴다.

놀이 준비하기

· 배구공이나 피구공, 탱탱볼을 준비한다.

· 지름이 10m 정도의 원을 그린다.

61 공 던지고 받기

공을 던지고 받으면서 어느 편이 먼저 끝나는지 겨룬다.

출발선

공 받는 사람이
원 안에 들어온 뒤
공을 던져야 한다

공을 받은 뒤
던지는 선으로
이동한다

공 던지는 선

놀이 방법

1. 편마다 한 명씩 공을 가지고 공 던지는 선에 서고, 다른 사람들은 출발선에 차례로 선다.

2. 놀이 진행자의 신호에 따라 출발선에 있던 첫 번째 사람이 달려 나와 원 안에 선다.

3. 공 던지는 선에 있던 사람은 자기편 사람이 원 안에 들어서면 공을 두 손으로 던져 준다.

4. 공을 받은 사람은 바로 공 던지는 선으로 달려가고, 공을 던진 사람은 출발선으로 와 자기편 맨 뒤에 선다.

5. 다시 출발선 첫 번째에 서 있던 사람이 원 안으로 달려가고, 처음 공을 받았던 사람이 공을 던진다.

6. 두 번째 공을 받은 사람이 던지는 선으로 달려오면 공을 던졌던 사람은 1m 뒤로 물러서 앉는다.

7. 이렇게 계속해서 어느 편이 먼저 끝났는지 가린다.

주의할 점

• 원 안에 사람이 들어서지 않았는데 공을 먼저 던지면 그 편은 진다.
• 처음 공을 던진 사람이 아직 출발선에 도착하지 않았는데 다음 사람이 원 안으로 달려가면 그 편은 진다.

놀이 준비하기

· 배구공이나 피구공, 탱탱볼을 준비한다.
· 공 던지는 선과 출발하는 선을 그리고, 두 선 사이에 작은 원을 그린다.

62 맞히기와 빼앗기

공으로 사람을 맞히거나 받아서 승부를 겨룬다.

놀이 방법

1. 두 편으로 나눈 뒤, 공격 편은 원 밖에 서고, 수비 편은 원 안에 선다.

2. 공을 맞은 사람은 죽는다. 죽은 사람은 원 밖으로 나온다.

3. 원 안에 있던 사람이 공을 받으면 죽었던 사람 한 명이 살아나 다시 원 안으로 들어온다.

4. 공격 편이 원 안에 있던 사람을 모두 맞히면 이긴다.

5. 수비 편이 공격 편 수만큼 공을 받으면 이긴다.

6. 시간을 정해서 승부를 결정할 수도 있다.

7. 공 두 개로 할 수도 있다.

놀이 준비하기

· 배구공이나 피구공, 탱탱볼을 준비한다.

· 원을 그린다.

63 탁구공 치며 달리기

탁구공과 탁구채를 이용해 반환점을 돌아온다.

놀이 방법

1. 두 편으로 나누고, 한 편에서 한 사람씩 나와 탁구채로 탁구공을 튀기며 반환점을 돌아 출발선으로 온다.
2. 탁구공을 떨어뜨렸을 때는 출발선에서 다시 시작한다.
3. 첫 번째 사람이 출발선으로 돌아오면 두 번째 사람이 출발한다.
4. 이렇게 해서 마지막 사람이 먼저 돌아오는 편이 이긴다.
5. 다음과 같은 방법으로 놀이할 수도 있다.
   1) 탁구채 두 개로 탁구공을 옮겨 치는 방법이 있다. 탁구채로 공을 옮겨 치지 않으면 출발선에서 다시 시작해야 한다.
   2) 탁구채 위에 탁구공을 올려놓고 떨어뜨리지 않고 돌아오는 방법이 있다.
   3) 한 손에는 탁구공을 올려놓고 다른 손으로는 탁구채로 탁구공을 튀기며 돌아오는 방법이 있다.

놀이 준비하기

· 편마다 탁구채 한 개와 탁구공 한 개씩 준비한다.
· 출발선을 긋고, 반환점으로 삼을 도구를 준비한다.

64 누가 먼저 가져왔나

나무 봉을 어느 편이 더 많이 가져왔는지 겨룬다.

놀이 방법

1. 두 편으로 가르고, 20m 사이를 두고 마주 보고 앉는다. 금을 그어 위치를 정확하게 할 수도 있다.

2. 두 편 가운데 50㎝ 정도 되는 나무 봉을 놓는다. 나무 봉을 놓는 자리에 원을 그려 위치를 정확하게 할 수도 있다.

3. 놀이 진행자가 시작을 알리면 두 편의 첫 번째 사람이 달려가 나무 봉을 가져간다.

4. 두 사람이 동시에 나무 봉을 잡았을 때는 힘겨루기를 하여 자기 자리로 끌고 간다. 이때 승부 결정선을 그려 나무 봉을 잡고 어디까지 가야 승부가 결정되는지 가려도 된다.

5. 승부가 결정 나면 나무 봉을 원 안에 가져다 놓고, 다음 사람이 놀이를 계속한다.

6. 참가자들이 모두 다 한 뒤에, 어느 편이 나무 봉을 더 많이 가져왔는지 따져 승부를 정한다.

놀이 준비하기

· 50cm 정도 되는 '나무 봉'을 준비한다.

50cm

65 공 차고 돌아오기

기둥에 매단 공을 어느 편이 먼저 차고 돌아오는지 겨룬다.

놀이 방법

1. 두 편으로 나누고, 마주 보고 늘어선다.
2. 양편 가운데에 축구공을 매단 기둥을 세운다.
3. 첫 번째 사람부터 나가 공을 차고 돌아온다.
4. 그 사람이 돌아오면 두 번째 사람이 나간다.
5. 이렇게 해서 먼저 다 끝낸 편이 이긴다.

주의할 점

• 공을 찰 때 상대편 사람을 향해 발을 차서는 안 된다.

놀이 준비하기

· 1m 정도의 기둥과 축구공을 준비한다.
· 기둥에 끈으로 축구공을 매단다.

기둥   축구공   끈

66 눈 감고 얼굴 그리기

눈을 가리고 칠판에 얼굴을 그려 어느 편이 더 빠르고 정확하게 그리는 지 겨룬다.

놀이 방법

1. 한 편이 일고여덟 명 정도 되게 여러 편을 나눈다.
2. 편마다 차례를 정하고, 자기 차례에 얼굴의 어느 부분을 그린다는 것을 정한다. 이를테면 첫 번째 사람은 얼굴 모양을, 두 번째 사람은 오른쪽 귀를, 세 번째 사람은 왼쪽 귀를, 네 번째 사람은 눈을, 다섯 번째 사람은 오른쪽 눈썹을, 여섯 번째 사람은 왼쪽 눈썹을, 일곱 번째 사람은 코를, 여덟 번째 사람은 입을 그리는 방법이 있다.
3. 출발 신호에 따라 분필을 쥐고 눈을 가린 다음 칠판 쪽으로 다가가 자기가 맡은 부분을 그린다. 다른 사람들은 제대로 갈 수 있도록 말로 방향을 알려 준다. 그림을 그릴 때도 정확한 위치에 그리도록 "위쪽" "아래쪽" 하면서 알려 준다.
4. 그다음 사람이 같은 방법으로 가서 자기가 맡은 부분을 그린다.
5. 어느 편이 더 빠르고 정확하게 그렸는지 따져 승부를 가린다.
6. 참가하는 사람들 수에 맞추어 그리는 부분을 늘이거나 뺀다.
7. 자기편 칠판으로 가지 않고 다른 편으로 갔을 때는 출발선에서 다시 시작한다.

놀이 준비하기

· 편마다 칠판과 분필, 눈을 가릴 수건을 준비한다.
  (화이트보드와 펠트펜으로 해도 된다.)

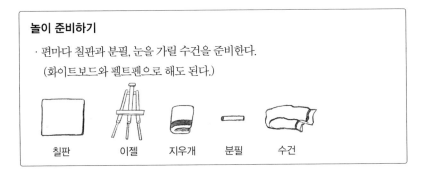

칠판   이젤   지우개   분필   수건

67 구멍에 공 굴려 넣기

구멍에 공을 굴려 넣어 점수를 따는 놀이다.

놀이 방법

1. 공 굴릴 차례를 정하고, 차례에 따라 선에서 원 안으로 공을 굴린다.

2. 다른 사람들은 원 밖에서 파 놓은 구멍 주인을 정하는데, 자기 앞에 놓인 구멍이 자기 구멍이 된다.

3. 굴린 공이 한가운데 구멍에 들어가면 그 사람은 2점을 얻고, 한 번 더 공을 굴릴 자격을 얻는다.

4. 굴린 공이 한가운데 구멍에 들어가지 않고 다른 구멍에 들어가면 원 밖에 서 있던 사람들은 재빨리 멀리 달아난다.

놀이 준비하기

· 지름 2m의 원을 그리고, 놀이하는 사람 수만큼 구멍을 파 놓는다.

· 원에서 2m 간격을 두고 공 굴리는 선을 긋는다.

· 고무공을 준비한다.

5. 구멍 주인은 원 안으로 뛰어 들어가 공을 잡은 뒤 "섯" 하고 외친다.

6. "섯" 소리가 나면 달아나던 사람들은 모두 서야 하고, 공을 쥔 사람은 가장 가까이에 있는 사람에게 공을 던진다.
7. 그 사람이 공에 맞으면 구멍 주인은 1점을 얻고, 다음 차례에게 공을 넘겨준다.
8. 던진 공을 받으면 공을 잡은 사람이 1점을 얻는다.
9. 공이 어느 구멍에도 들어가지 않으면 다음 차례에게 공을 넘겨준다.
10. 이렇게 해서 5점을 먼저 얻은 차례로 등수를 매긴다.

주의할 점
- "섯" 소리에 멈추지 않고 달아나면 점수에서 1점을 뺀다.

68 말 타고 모자 벗기기

세 명이 말이 되고, 말에 탄 사람은 모자를 쓰고 한 모둠이 되어 상대편
모자를 벗긴다.

놀이 방법

1. 네 명이 한 모둠이 된다. 세 명은 '말'이 되고, 한 명은 그 위에서 모자를 쓰고 올라탄다.
2. 시작 신호가 나면 달려 나가 상대편 모자를 벗긴다.
3. 모자를 빼앗기면 그 모둠은 놀이마당 밖으로 나가야 한다.
4. 상대편 말을 고의로 넘어지게 해서는 안 된다.
5. 말이 저절로 무너지면 죽은 것이 된다.
6. 정한 시간이 되면 모자를 많이 벗긴 편을 가린다.

주의할 점

• 놀이 시간을 미리 정해야 한다.

놀이 준비하기

· 모자를 준비한다.

모자

69 반지놀이

눈을 가린 술래가 수건을 벗고 누가 반지를 가졌는지 맞힌다.

놀이 방법

1. 가위바위보를 해서 술래를 정한다.

2. 술래는 수건으로 눈을 가린다.

3. 다른 사람들은 "반지, 반지, 누가 가졌나. 속히 속히 찾아내어라." 한다.

4. 그러면 술래는 수건을 벗고 반지를 가졌을 사람을 살핀다.

5. 이때 모두 시치미를 딱 떼고 있다가 킥킥거리기도 한다.

6. 술래가 가리킨 사람이 반지를 가졌으면 그 사람이 술래가 된다. 하지 만 술래가 잘못 짚으면 다시 술래가 된다. 세 번 거듭 틀리면 노래를 불 러야 한다.

놀이 준비하기

· 눈을 가릴 수건과 반지를 준비한다.

수건　　반지

70 목침 뺏기

목침처럼 생긴 나무토막을 내 편으로 끌어온다.

놀이 방법

1. 나무토막을 방바닥이나 탁자 위에 놓고 한 손으로 잡거나 누르면서 내 편으로 끌어오면 이긴다.
2. 힘이 센 사람과 약한 사람이 할 때는 힘이 센 사람은 한 손으로, 힘이 약한 사람이 두 손으로 한다.

주의할 점

• 팔 힘보다는 손아귀 힘이 세야 이긴다.

놀이 준비하기

· 두터운 나무토막(25×10×10cm)을 준비한다.

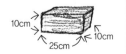

71 남승도

주사위를 던져 나온 수만큼 지역을 건너뛰어 백두산에 누가 먼저 도착하는지 겨룬다.

놀이 방법

1. 주사위를 던져 높은 숫자가 나온 순서로 차례를 정한다.

2. 말은 백두산에서 시작한다.

3. 놀이는 첫 번째 사람이 주사위를 던져 나온 수만큼 움직인다.

4. 이런 식으로 차례대로 주사위를 던져 백두산까지 먼저 도착한 사람이 일등이 된다.

5. 지명을 적어 놓으면 더 유익하다.

6. 함정을 그려 놓아 그곳에서 한두 번 쉬게 할 수도 있다.

놀이 준비하기

· 우리나라 지역 이름이 쓰여 있는 지도와 주사위 한 개, 놀이에 참가하는 사람 수만큼 말을 준비한다.

 지도

 주사위

 말

72물 운반하기

양동이에 채워져 있는 물을 컵으로 옮겨 빈 양동이에 채우며 겨룬다.

출발선

물 채운 양동이

←표시선

빈 양동이

←표시선

빈 양동이

놀이 방법

1. 두 편으로 나누어 물을 채운 양동이와 빈 양동이를 그림처럼 놓는다.
2. 빈 양동이 안에는 일정한 높이에 '표시선'을 긋는다.
3. 차례를 정하고, 모두 출발선에 선다.
4. 시작 신호에 따라 첫 번째 사람이 컵을 가지고 달려가 양동이에 담긴 물을 퍼서 빈 양동이가 있는 곳으로 달려가 쏟아붓고 돌아온다.
5. 그다음 사람이 나아간다
6. 빈 양동이에 그린 표시선까지 먼저 물을 채우는 편이 이긴다.

주의할 점

• 바다나 강기슭에서 놀 때는 바닷물이나 강물을 양동이에 퍼서 채운다.

놀이 준비하기

· 양동이 네 개, 컵 두 개를 준비한다.　　　 양동이　 컵

73 상대편 깃발 빼앗기

눈싸움을 하며 상대편 진지에 있는 깃발을 빼앗는 놀이다.

놀이 방법

1. 눈이 온 날, 두 편으로 나눠 대장 한 명씩 뽑는다.
2. 대장은 자기편과 의논해서 공격과 방어에 대한 전술을 짠다.
3. 그림처럼 저마다 자리를 정하고, 시작 신호에 따라 공격하는 사람들은 중앙선을 사이에 두고 눈덩이를 던지는 것으로 놀이를 시작한다.
4. 대장은 상대편의 약점을 찾아 공격하라고 외친다.
5. 공격하는 사람들은 중앙선을 넘어 상대편 자리로 들어간다. 눈덩이에 맞으면 죽은 것으로 되어 밖으로 나간다.
6. 공격하는 사람들은 중앙선, 공격선, 방어선으로 나아가야지 돌아가면 죽는다.
7. 상대편 방어선을 지나면 눈덩이를 던지면 안 되고, 밀어내기와 모자 벗기기를 한다. 모자를 뺏긴 사람은 죽게 된다.
8. 이렇게 해서 상대편 깃발을 뺏은 편이 이긴다.
9. 놀이하는 사람이 적을 때는 한 편이 공격을 하고 한 편이 수비를 할 수도 있다. 이때에는 놀이가 한 번 끝나면 공격과 수비를 서로 바꾼다.

주의할 점

- 모두 모자를 쓴다.
- 서로 때리거나 발로 차면 안 된다.

놀이 준비하기

· 개인 모자와 깃발 두 개를 준비한다.

모자

깃발

74 피하면서 달리기

눈덩이를 피해 목적지까지 달린다.

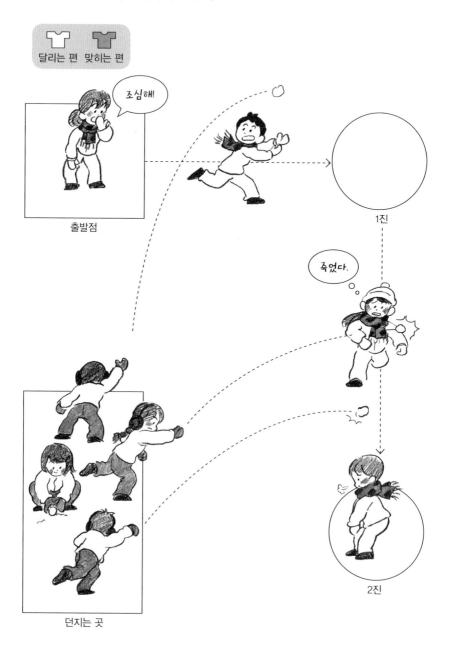

놀이 방법

1. 편을 나누고 대장을 뽑는다.

2. 대장이 가위바위보를 해서 이긴 편은 달리는 편이 되고, 진 편은 맞히는 편이 된다.

3. 달리는 편은 출발점에서 한 줄로 서고, 맞히는 편은 던지는 곳에 선다.

4. 시작 신호가 나면 달리는 편의 첫 번째 사람은 출발점에서 1진으로 달려간다. 이때 던지는 곳에 있는 맞히는 편 사람들은 눈덩이로 달리는 사람들을 맞혀야 한다.

5. 달리는 사람이 '진'에 들어가면 맞힐 수 없다.

6. 1진에 있던 사람이 2진으로 달려가면 눈덩이를 던져 맞힌다.

7. 이렇게 마지막 사람이 달릴 때까지 맞히기를 한다.

8. 승부는 어느 편 사람이 2진에 많이 들어왔는가로 결정한다.

9. 놀이하는 사람이 많을 때는 출발점에서 연속으로 달리며 놀 수도 있다.

놀이 준비하기

· 눈덩이를 많이 준비한다.

눈덩이

땅놀이

75 돼지불알

땅에 돼지불알 모양을 그리고, 공격 편이 집을 출발해 반환점을 돌아 다시 집으로 돌아오면 이긴다.

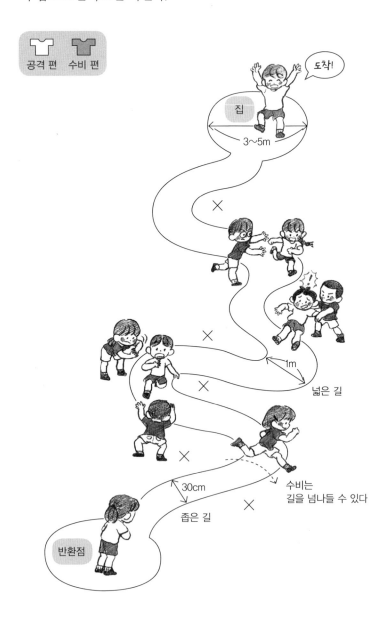

공격 편 수비 편

도착!

집

3~5m

×

×

1m

넓은 길

×

×

30cm

×

좁은 길

수비는
길을 넘나들 수 있다

반환점

놀이 방법

1. 편을 가른다.

2. 가위바위보로 공격 편과 수비 편을 정한다.

3. 공격 편은 집으로 들어간다. 수비 편은 반환점을 향해 달려 나간다.

4. 수비 편은 돼지불알 바깥(그림에서 X표 자리)에 늘어서 공격 편이 길을 따라 지나갈 때 밀고 당기며 쓰러뜨리거나 금 밖으로 끌어낸다. 이때 수비 편은 길을 건너뛸 수도 있다.

5. 수비 편이 공격 편에 끌려 들어오거나 금을 밟으면 죽는다.

6. 공격 편은 반환점에 도착하면 숨을 잠시 돌렸다가 다시 집을 향해 출발한다.

7. 공격 편이 천신만고 끝에 단 한 사람이라도 집에 도착하면 이기고, 놀이를 다시 시작한다. 그러나 공격 편이 모두 죽으면 수비 편이 공격 편이 되어 다시 시작한다.

주의할 점

• 수비 편이 공격 편을 끌어낼 때 옷소매나 머리카락을 잡아당기면 안 된다.

놀이판 그리기

① 땅에 길이 40~50m쯤 되는 돼지불알 놀이판을 그린다.

② 집과 반환점은 원으로 그린다.

③ 좁은 길은 30cm 이상은 되어야 하고, 넓은 곳은 한두 사람이 머무를 수 있어야 한다.

76 ㄹ자놀이

ㄹ자 모양을 그리고, 상대편 안마당에 있는 만세통을 찍는다.

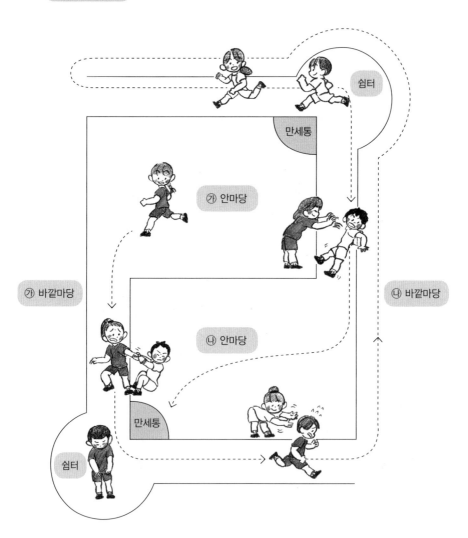

놀이 방법

1. 편을 가른 뒤, ㉮와 ㉯ 가운데 한 곳을 골라 같은 편끼리 안마당에 모인다.
2. 같은 편 안에서 수비와 공격을 나눈다.
3. 공격하는 사람은 화살표 방향으로 달려 나가 자기 집 ㄹ자 영역을 벗어난다.
4. 바깥마당으로 나온 뒤에는 상대편 ㄹ자 안으로 들어가서 만세통에 발이나 손을 찍으면 이긴다.
5. 안마당에서 수비하는 사람들은 상대편을 밀거나 잡아당기거나 들어서 밖으로 내보내야 한다. 금을 두 번 이상 밟아도 죽는다.
6. 바깥마당에서는 두 편이 겨룰 수 없다.

주의할 점

• 상대편 머리를 밀거나 잡아당겨서는 안 된다. 때리거나 할퀴거나 다리를 걸어 넘어뜨려서도 안 된다. 그런 사람은 죽게 된다.

놀이판 그리기

① 놀이판의 크기는 놀이하는 사람 수에 달라진다.
② 땅에 ㄹ자 모양을 왼쪽 그림처럼 그린다.
③ 만세통을 그려 넣는다.

---

77 감자놀이

작은 돌을 '감자'로 삼고, 상대편 감자를 자기 집에 가져다 놓는다.

놀이 방법

1. 두 편으로 가른 뒤 집(㉮, ㉯)을 정해 들어간다.
2. 같은 편 안에서 수비와 공격을 나눈다.
3. 공격하는 사람은 문을 나가 길목을 지나 상대편 집으로 들어간다. 수비하는 사람은 상대편이 길목을 지나갈 때 밀어낸다.
4. 상대편 집에서는 깨금발로 다녀야 한다. 수비하는 사람은 집에 들어온 상대편을 밀어낸다.
5. 금을 밟거나 금 바깥으로 밀리면 죽는다.
6. 상대편의 감자를 가져와 먼저 자기편 감자 집에 놓으면 이긴다.

주의할 점

• 이 놀이에서 싸움은 밀어내기이다. 옷을 잡거나 다리를 걸면 안 된다.

놀이판 그리기

① 땅에 왼편 그림처럼 금을 긋는다.
② 네 귀퉁이에는 쉼터를, 집에서는 문과 마주 보이는 쪽에 집을 그려 넣고, 감자를 놓는다.

78해바라기

해바라기 꽃잎을 아홉 번 만에 건너뛰어 죽지 않고 돌아와야 한다.

공격 편 수비 편

놀이 방법

1. 가위바위보를 해서 공격 편과 수비 편을 정한다.
2. 공격 편은 해바라기 꽃의 ○ 안에, 수비 편은 꽃 밖에 자리한다.
3. 공격 편은 누구든지 ○에서 꽃잎으로 뛰어나가 아홉 발 안에 다시 ○ 안으로 들어오면 이긴다. 다만 자기편이 ○에 한 명이라도 남아 있으면 안 된다.
4. 꽃잎을 밟으며 도는 사람은 자기 걸음 수를 입으로 크게 센다.
5. 수비 편은 드나드는 상대편을 손으로 쳐서 죽인다. 어느 쪽이든 금을 밟으면 죽는다.

놀이판 그리기

① 땅에 해바라기 꽃을 그린다.
② 꽃잎은 놀이하는 사람 숫자만큼 그린다.

79 오징어놀이

땅에 오징어 모양을 그리고, 자기 집에서 나와 상대편 집을 지나 자기 집으로 들어가 만세통을 찍는다.

수비 편   공격 편

쉼통

2m

만세통

바깥마당

공격 편 집

다리

수비 편 집

바깥마당

문

수비 편은 깨금발로 나온다

놀이 방법

1. 두 편으로 나눈 뒤, 가위바위보로 공격 편과 수비 편을 정해 자기 집으로 들어간다.

2. 공격 편은 바깥마당으로 나올 때 깨금발로 다녀야 한다. 다만 다리를 건너면 두 발로 다닐 수 있다. 이때 수비 편은 다리를 못 건너가게 막아야 한다.

3. 공격 편은 수비 편 문을 통과해 수비 편 집을 지나 자기 집 만세통에 발을 찍으면 이긴다.

4. 수비 편도 문으로 나와 깨금발로 상대편을 공격할 수 있다.

5. 바깥마당에서는 상대편을 쓰러뜨리며 싸운다.

6. 공격 편이나 수비 편이나 모두 금을 밟거나 발이 땅에 닿으면 죽는다.

주의할 점

- 수비 편은 바깥마당에서 계속 깨금발로 다녀야 하고, 다리가 땅에 닿으면 죽는다.
- 문이나 쉼통에서는 서로 싸우지 않는다.

놀이판 그리기

① 땅에 오징어 모양의 놀이판을 그린다.
② 오징어 모양 바깥은 바깥마당이 된다.

80 십자놀이

십자 모양 그림을 그려 세 바퀴를 돈다.

공격 편 수비 편

놀이 방법

1. 가위바위보를 해서 공격 편과 수비 편을 나눈다.

2. 공격 편은 ㉠ ㉡ ㉢ ㉣ 어느 한 칸을 집으로 삼는다.

3. 집에서 출발해 한 사람이라도 ㉠ ㉡ ㉢ ㉣을 세 바퀴 돌아오면 이긴다.

4. 수비 편은 X표 되어 있는 곳을 돌아다니면서 상대편이 넘어뜰 때 끌어
   당기거나 밀어내어 죽인다. 누구든 금을 밟은 사람은 죽는다.

5. 공격 편은 금 밖으로 나왔을 때 깨금발로 세 번 만에 다시 들어가야 한다.

주의할 점

• 이 놀이는 '동서남북'이라고도 한다.

놀이판 그리기

① 기다란 사각형 두 개를 그려 십자 모양을 만든다.

81 개뼈다귀

뼈다귀 모양을 그려 집을 세 번 왕복한다.

공격 편   수비 편

놀이 방법

1. 공격 편과 수비 편으로 나누고, 공격 편이 안으로 들어간다.

2. 공격 편 한 사람이라도 양쪽 집을 세 번 왕복하면 이긴다.

3. 수비 편은 금 밖을 돌아다니며 공격 편을 끌어당기거나 밀어내어 죽인다.

4. 공격 편은 수비 편을 안으로 끌어들여 죽인다.

5. 수비 편은 금을 넘나들 수 있다.

놀이판 그리기

① 개뼈다귀 모양의 금을 그린다.

② 통로의 길이는 3~5m, 폭은 50cm가 되게 그린다.

③ 뼈다귀 양쪽의 둥그런 부분이 집이 된다.

---

82 세 발 뛰기

땅에 네모를 그리고 양쪽에 있는 집을 다섯 번 왕복한다.

놀이 방법

1. 가위바위보를 해서 공격 편과 수비 편으로 나눈다.

2. 두 편은 자기 집으로 들어간다.

3. 공격 편은 ㉮ ㉯ 가운데 한 곳에서 밖으로 나가 여섯 발 만에 맞은쪽에 있는 자기 집으로 들어가야 한다.

4. 수비 편은 세 발까지만 뛰어 상대를 손으로 칠 수 있다. 그런 뒤 다시 세 발 안에 자기 집으로 돌아와야 한다.

5. 공격 편 누구 한 사람이라도 집을 다섯 번 왕복하면 이긴다.

6. 수비 편이 공격 편을 모두 죽이면 편이 바뀐다.

7. 금을 밟으면 죽는다.

놀이판 그리기

① 그림 같은 크기의 놀이판을 그린다.

② 네모 모양의 양편 ㉮ ㉯는 공격 편의 집이 되고, 가운데는 수비 편의 집이 된다.

83 동그랑땡땡

땅에 도넛 모양의 원을 그리고, 수비 편 집에 발을 열 번 찍는다.

공격 편   수비 편

놀이 방법

1. 두 편을 나누고, 가위바위보를 한다.
2. 원 바깥은 공격 편 집이 되고, 큰 원과 작은 원 사이는 수비 편 집이 된다. 두 편은 자기 집으로 들어간다.
4. 공격 편이 수비 편 집을 발로 열 번 찍으면 이긴다. 한 번에 열 번을 찍는 것이 아니고, 여러 번 더해서 열 번을 찍는다.
5. 수비 편은 공격 편이 다가오면 손으로 친다. 공격 편 집으로 나아갈 때는 깨금발로 나간다.
6. 공격 편은 자유 지역으로 들어갈 수 있다.
7. 공격 편이 자유 지역과 자기 집 사이에 양다리를 걸치면 수비 편이 칠 수 없다.

놀이판 그리기

① 원을 두 개 그린다.
② 안쪽의 넓은 원은 자유 지역이 된다.

84 육박전

땅에 네모 칸 여섯 개를 그리고, 같은 편끼리 ㉮에서부터
차례로 말을 던지고 받는다.

공격 편   수비 편

놀이 방법

1. 두 편을 가르고, 말(콩주머니, 고무공 따위)을 준비한다.
2. 공격 편은 ㉮에 모여 있다가 차례로 ㉯ → ㉰ → ㉱ → ㉲ → ㉳로 건너
   간다. ㉮에 있던 사람은 ㉯로 말을 던진다. 이런 식으로 ㉳까지 갔다가
   다시 ㉮로 되돌아오면 이긴다.
3. 말은 차례로 이동해야 하지만 사람은 차례와 관계없이 움직일 수
   있다.
4. 수비 편은 말이 통과하지 않도록 통로에서 가로막는다. 공격 편이 이
   동하다가 술래 편에게 치이면 죽는다.
5. 공격 편은 수비의 방해를 피해 이리저리 움직이며 말을 머리 위나 다
   리 사이, 옆구리 틈으로 던져서 주고받는다.
6. 도중에 수비 편이 말을 받거나 가로채면 공격과 수비가 바뀐다.

주의할 점

• 네모 칸은 여섯 개로 고정된 것은 아니다. 네모 칸이 네 개면 '사(4)박전', 여덟 개면 '팔(8)
  박전'이 된다.

놀이판 그리기

① 네모 칸이 여섯 개가 되도록 놀이판을 그린다.
② 네모 칸은 공격 편의 집이 되고, 통로는 수비 편이 지키는 곳이 된다.

85 삼팔선놀이

수비가 지키는 삼팔선을 건너뛰어 처음 출발했던 곳으로 되돌아온다.

공격 편 수비 편

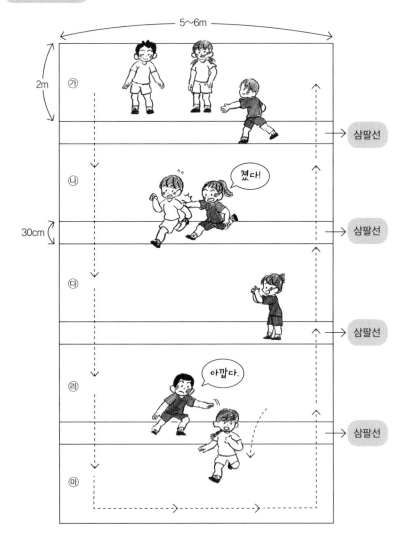

놀이 방법

1. 두 편을 가른다.

2. 가위바위보로 공격 편과 수비 편을 나눈다.

3. 공격 편은 ㉮에 서고, 수비 편은 삼팔선에 한 사람씩 나누어 선다.

4. 공격 편은 모든 칸을 건너 다시 ㉮로 돌아와야 한다.

5. 삼팔선에 서 있는 수비는 공격 편이 삼팔선을 뛰어넘을 때 손으로 친다.

6. 한 명이라도 ㉮로 돌아오면 이긴 것이고, 놀이를 다시 시작한다.

7. 공격 편이 모두 죽으면 공격과 수비가 바뀐다.

놀이판 그리기

① 그림처럼 놀이판을 그린다.

② 폭이 2m인 넓은 칸은 공격 편 집이 되고, 30cm 폭은 삼팔선이 된다.

③ 삼팔선은 수비 편 수만큼 만들어야 한다.

86 세모 돌기

집을 출발해 세모를 따라 돌면서 다시 돌아온다.

놀이 방법

1. 두 편을 가른다.

2. 가위바위보를 해서 공격 편은 집으로 들어가고, 수비 편은 안마당과 바깥마당에 늘어선다.

3. 공격 편은 집에서 출발해 화살표 방향으로 돌아 다시 집으로 돌아오기를 세 번 반복하면 이긴다. 그러면 놀이는 처음부터 다시 시작한다.

4. 수비 편은 통로를 넘어뛰면서 상대편을 밀거나 당겨서 밀어낸다.

5. 수비한테 밀려난 공격 편은 신발 한 짝을 잃고 깨금발로 다녀야 한다. 두 번 밀리면 죽는다.

놀이판 그리기

① 통로가 있는 세모를 그리고, 세 꼭짓점은 원으로 그린다. 통로는 50cm 정도이다.

② 삼각형 안쪽은 안마당이 되고, 바깥은 바깥마당이 된다.

87 땅콩놀이

땅콩 모양 안에 있는 동그라미로 옮겨 다닌다.

놀이 방법

1. 가위바위보를 해서 두 편으로 나눈다.
2. 공격 편은 땅콩 안 동그라미 속에 저마다 들어간다. 한 동그라미에 두 명씩 들어가도 된다.
3. 수비 편은 땅콩 밖에서 동그라미 안에 들어 있는 공격 편을 손으로 친다.
4. 공격 편은 동그라미를 이리저리 건너뛰며 다닐 수 있다.
5. 금을 밟거나 술래한테 치인 사람은 죽는다.
6. 다 죽으면 공격과 수비가 바뀐다.

놀이판 그리기

① 땅콩 모양의 금을 그린다.
② 땅콩 안에 지름이 30cm 정도 되는 동그라미를 한 편의 수만큼 그린다.
③ 동그라미와 동그라미 사이는 한 걸음 정도 간격이면 된다.

88 지렁이

땅에 지렁이 모양을 그리고 끝에서 끝으로 다섯 번 왕복한다.

놀이 방법

1. 두 편으로 나누어, 공격 편은 ㉮에 모인다.

2. 한 사람이라도 ㉮에서 ㉯까지 다섯 번 왕복하면 이긴다.

3. 수비 편은 금 밖에서 공격 편이 지날 때 밀거나 당겨서 금 밖으로 내보
낸다.

4. 공격 편이 다섯 번 왕복하기 전에 모두 죽으면 공격과 수비가 바뀐다.

놀이판 그리기

· 그림처럼 지렁이 모양을 그린다.

89 떡장사놀이

달팽이 모양의 금을 긋고, 술래가 떡장수가 되어 떡값을 흥정한다.

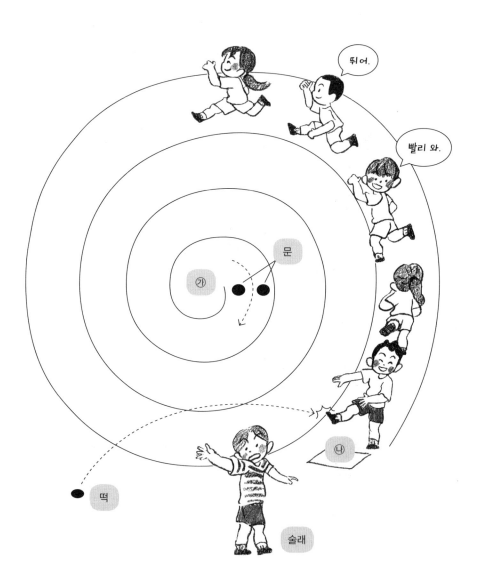

놀이 방법

1. 술래를 정하고 ㉯에 떡(돌이나 깡통)을 놓고 지킨다.

2. 나머지 사람은 ㉮에 모여 있다가 문을 열고(돌멩이 두 개를 문으로 삼아 벌려 놓는다)줄을 지어 풀어 나간다.

4. 맨 앞에 있던 사람이 술래한테 떡값을 흥정한다.

   "이 떡 얼마요?"

   "오백 원이요."

   "너무 비싼데 좀 깎아 줘요."

   "안 돼."

   "이백 원 하지." 하는 식이다.

5. 이러다가 술래가 한눈파는 사이 냅다 발로 떡을 차내면 모두 ㉮로 도망간다.

6. 모두 ㉮에 들어왔으면 문을 닫는다(●●). 만약 술래가 문을 닫기 전에 안으로 들어오면 모두 술래에게 치인 것이 된다.

7. 술래는 떡을 주워 ㉯에 놓고 뒤쫓아 한 사람을 치면 그 사람이 술래가 된다.

놀이판 그리기

· 달팽이 모양의 선을 그린다.

90 인간놀이

사람 모양의 금을 긋고, 한 걸음 밖에서 금을 따라 도는 놀이다.

놀이 방법

1. 두 편으로 나눈 뒤, 공격 편과 수비 편을 정한 다음 양편 모두 금 안으로 들어간다.
2. 공격 편은 오른 팔 부분에서 나가 화살표 방향으로 몸을 따라 돌다가 머리로 들어오면 이긴다. 이때 금과 한 걸음 간격이어야 한다. 금 밖으로 너무 나가면 수비 편에서 금 안으로 들어오라고 하는데, 이때 한 발로 뛰어 못 들어가면 죽는다.
4. 뛰어나온 수비도 한 발로 들어가야 한다.
5. 수비 편이 한 걸음 뛰어나가 공격 편의 발을 밟으면 공격 편은 죽는다.
6. 수비 편이 뛰어나갈 때 공격 편은 발을 옮길 수 있는데 금 가까이 가면 다른 수비가 뛰어나와 밟을 수 있으므로 조심해야 한다.
7. 금 밖으로 돌다가 언제든지 다시 안으로 들어갈 수 있다.
8. 이렇게 하여 공격 편 누군가가 머리로 들어가면 한 판을 이긴다.
9. 금을 밟으면 죽는다.

> **놀이판 그리기**
> ① 사람 모양의 금을 긋는다.
> ② 참가한 사람들이 모두 들어갈 수 있는 크기여야 한다.

91 나비놀이

술래가 부르는 별명을 가진 사람은 별명에 알맞은 몸짓으로 도망가고,
술래도 같은 몸짓으로 쫓아간다.

도 둑 발	색 시	개 구 리	토 끼	깨 금 발	나 비

살금살금   웃으면
안 되는데   폴짝   깡충   외발뛰기   펄럭
펄럭

놀이 방법

1. 술래를 뺀 나머지 사람 수만큼 별명을 짓는다.

2. 술래를 뽑고, 나머지 사람들은 별명 자리에 선다.

3. 술래가 별명을 부르면 자기 자리에서 별명에 걸맞은 몸짓으로 도망을
   간다.

   1) 도둑발 : 소리가 안 나게 걸어야 하며 소리가 나면 죽는다. 술래도
      소리 안 나게 쫓아가야 하며 소리가 나면 다시 술래가 된다.

   2) 색시 : 시집 가는 색시처럼 양손을 눈 위에 얹고 걸어간다. 이때 술래
      가 앞에 와서 웃기는데 웃으면 죽는다.

   3) 개구리 : 개구리처럼 뛰어 달아나는데, 술래가 개구리처럼 뛰어가서
      손으로 치면 죽는다.

   4) 토끼 : 두 손을 머리 양쪽에 대고 앉아서 뛰는데, 술래가 같은 모습으
      로 쫓아가 치면 죽는다.

   5) 깨금발 : 한 발은 들고 한 발로만 뛰어가는데 술래가 깨금발로 쫓아
      가 치면 죽는다.

   6) 나비 : 양팔을 벌려 훨훨 저으며 도망가는데, 술래가 같은 걸음으로
      쫓아가 치면 죽는다.

4. 술래는 도망가는 사람과 똑같은 동작으로 뒤쫓아 가 손으로 친다.

5. 치인 사람이 술래가 된다.

놀이판 그리기

· 술래 자리는 원으로, 다른 자리는 사각형으로 그린다.

92 나비 잡기

술래가 두 손을 맞잡고 '그물'이 되어, 다른 사람들인 '나비'를 잡는다.

놀이 방법

1. 둘씩 가위바위보를 해서 맨 끝에 남은 두 명이 술래가 된다.

2. 술래 두 사람은 두 손을 맞잡고 그물이 된다.

3. 나머지 사람들은 나비가 된다.

4. 술래는 도망 다니는 나비를 따라가 두 팔 안에 가두어 잡는다.

5. 그물 안에 걸린 나비가 두 명이면 술래가 바뀐다.

6. 술래를 바꾸지 않은 채로, 손을 이어 잡고 그물을 크게 만들어서 놀기
   도 한다.

주의할 점

• 놀이하는 사람 수에 따라 원 크기를 알맞게 늘리거나 줄어야 한다.

놀이판 그리기

· 지름이 10m 되는 큰 원을 그린다.

---

93 아기 신사

글자 칸에 돌을 차 넣어 그 글자에 맞는 행동을 하며 놀이를 즐긴다.

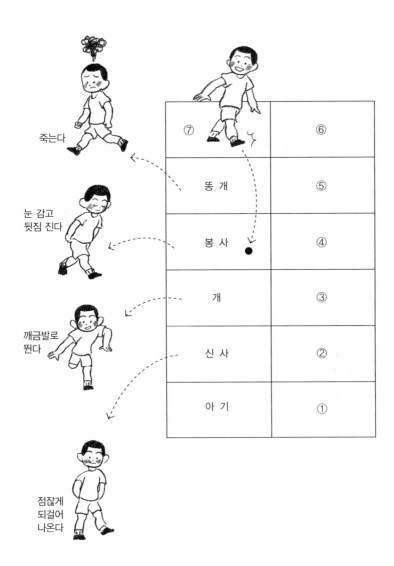

놀이 방법

1. ①에서 ⑥ 사이에 돌을 던진다.

2. 돌이 떨어진 곳부터 깨금발로 차서 ⑦까지 간다.

3. ⑦에 도착하면 글자칸에 돌을 차 넣는다.

　1) '똥개' 칸에 돌이 들어가면 죽는다.

　2) '봉사' 칸에 들어가면 돌을 손에 들고 뒷짐 지고 눈을 감고 돌아나와야 한다.

　3) '개' 칸에 들어가면 깨금발로 나와야 한다.

　4) '신사' 칸에 들어가면 뒷짐 지고 점잖게 되걸어 나온다. 웃으면 죽는다.

　5) '아기' 칸에 들어가면 다음에 한 칸 뛰어넘어서 출발(돌이 ①번 칸에 떨어졌을 때 ②번 칸에서 출발)하는 특혜가 주어진다.

⑦	⑥
	⑤
	④
	③
	②
	①

야호!

시작할 때 한 칸 건너 뛸 수 있다

주의할 점

• 편 놀이로 했을 때 돌이 '아기' 칸에 들어가면 자기편에서 죽은 사람 한 명이 살아난다.

놀이판 그리기

① 그림처럼 금을 긋고, 글자 칸에는 글씨를 써 넣는다.

② 돌을 준비한다.

---

94 8자놀이(1)

땅에 그려 놓은 8자 안에서 술래를 피한다.

놀이 방법

1. 술래를 정한다.

2. 술래는 열까지 센 뒤 다른 사람들을 잡으러 간다.

3. 술래가 아닌 사람은 8자 끝 부분의 막힌 곳을 뛰어넘을 수 있다.

4. 술래는 길로만 다닐 수 있다.

5. 술래에게 치이면 죽어서 술래가 된다.

주의할 점

• 금을 밟거나 금 밖으로 발이 나가거나 손을 짚으면 죽는다.

놀이판 그리기

· 숫자 '8'과 비슷한 모양의 그림을 그리되, 그림처럼 떨어져 있는 부분이 있다.

95 8자놀이 (2)

땅에 그려 놓은 8자 안에서 술래를 피하는데, 8자 모양이 조금 복잡하다.

놀이 방법

1. 술래를 정한다.

2. 술래는 열까지 센 뒤 사람들을 잡으러 간다.

3. 사람들은 막힌 곳을 건너뛸 수 있다.

4. 술래는 길로만 다닐 수 있다.

4. 술래에게 손으로 치이면 죽어서 술래가 된다.

주의할 점

• 금을 밟거나 금 밖으로 발이 나가거나 손을 짚으면 죽는다.

놀이판 그리기

· 숫자 '8'을 그리는데 그림처럼 뚫린 곳도 있고, 8자 안에 십자 모양의 길도 낸다.

96 8자놀이(3)

땅에 8자를 그리되, 상대편 만세통에서 만세를 부른다.

놀이 방법

1. 두 편으로 나눈다.
2. ㉮ 집과 ㉯ 집 편을 정해 자기 집으로 들어간다.
3. 자기 집에서는 두 발로 다니다가 바깥마당으로 나오면 깨금발로 다녀야 한다.
4. 바깥마당에서 두 편이 만나면 싸우는데, 들고 있던 발을 땅에 먼저 닿게 하여 죽인다.
5. '쉬는 곳'에서는 쉴 수 있다. 이때는 서로 공격하지 않는다.
6. 상대편 집에 들어가서 "만세" 하며 만세통을 찍으면 이긴다.
7. 'ㄹ자놀이'의 초기 형태라고 볼 수 있다.

놀이판 그리기

① 숫자 '8'을 그림처럼 그린다.
② 집 안에는 '만세통'을, 집 바깥에는 '쉬는 곳'을 그려 놓는다.

97 8자놀이(4)

땅에 그려 놓은 8자 안에서 술래를 피하는데, 술래가 다니는 길과 술래
아닌 사람이 다니는 곳이 다르다.

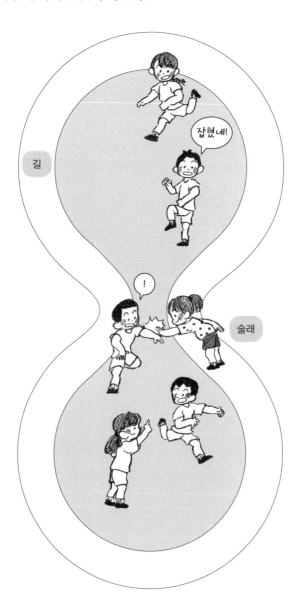

놀이 방법

1. 술래를 정한다.

2. 술래는 길을 따라서만 다닐 수 있다.

3. 술래 아닌 사람들은 길 안쪽으로만 다닐 수 있다(어둡게 표시한 부분).

4. 술래에게 손으로 치이거나 금을 밟으면 술래가 된다.

놀이판 그리기

· 숫자 8자를 그리고, 바깥에 같은 모양의 8자를 하나 더 그린다.

98 달팽이집놀이 (1)

땅에 달팽이를 그리고, 가위바위보를 해서 누구든 상대편 집에 먼저 도착한다.

놀이 방법

1. 두 편으로 가르고, 가위바위보를 해서 집을 정한다.
2. 자기 집에 줄지어 모여 있다가 각 편에서 한 사람씩 달려나가 상대편을 만나면 가위바위보를 한다.
3. 자기편이 지면 다음 차례가 상대편 집을 향해 나아간다.
4. 진 사람은 자기 집으로 되돌아갔다가 맨 나중에 다시 나온다.
5. 계속 가위바위보를 해 나가면서 어느 편이든 먼저 상대편 집에 먼저 도착하면 이긴다.

놀이판 그리기

· 달팽이 모양의 금을 빙글빙글 이어 그린다.

99 달팽이집놀이(2)

땅에 달팽이를 그리고, 가위바위보를 해서 상대편 집에 많이 들어간 편이 이긴다.

가위바위보에서 진 사람들

놀이 방법

1. 편을 가르고, 한 편은 ㉮ 집에, 다른 한 편은 ㉯ 집에 선다.

2. 시작 신호를 외치고, 각 편에서 한 사람씩 나와 화살표 방향으로 서로 뛰어가다 상대편과 만나는 곳에서 가위바위보를 한다.

3. 이긴 사람은 달리던 방향으로 계속 달리고, 진 사람은 밖으로 나간다.

4. 자기편이 지면 다음 차례는 빠르게 달려 나간다. 이때 가위바위보에서 이긴 사람이 움직일 때 진 편 사람이 달려 나와야 한다. 미리 움직이면 안 된다.

5. 서로 달려가다 만나면 가위바위보를 한다. 이렇게 계속하다 가위바위보를 해서 상대편 집에 많이 들어간 편이 이긴다.

주의할 점

• 달리다가 금을 밟으면 죽는다.

놀이판 그리기

· 달팽이 모양의 금을 빙글빙글 이어 그린다.

100 달팽이집놀이(3)

땅에 달팽이를 그리되 두 선을 잇고, 가위바위보를 해서 누구든 상대편 집에 먼저 도착한다.

놀이 방법

1. 두 편으로 나누고, 집을 정한다.

2. 집(㉮와 ㉯)에 모여 있다가 동시에 상대편 집을 향해 달려 나간다.

3. 도중에 만나면 가위바위보를 해서 진 사람은 자기 집으로 돌아가고, 다시 나올 수 없다.

4. 진 편에서는 그 뒷사람이 달려 나와서 상대편을 만나면 가위바위보를 한다.

5. 이렇게 해서 상대편 집에 먼저 도착하는 편이 이긴다.

놀이판 그리기

· 달팽이 모양의 금을 두 개 그리고, 끝 선은 서로 잇는다.

101 신발 뺏기

술래는 신발을 뺏고, 신발을 빼앗긴 사람은 신발을 찾는다.

놀이 방법

1. 술래를 정한다.

2. 술래가 아닌 사람들은 통로만 다닐 수 있다.

3. 술래는 안마당과 바깥마당을 넘나들며 도망 다니는 사람들을 손으로 친다.

4. 술래에게 치인 사람은 신발을 한 짝 빼앗기고, 두 짝 모두 빼앗기면 술래가 된다.

5. 술래가 한눈을 팔거나 다른 사람을 치러 나갔을 때 통로에 있던 사람이 신발을 갖고 나올 수 있다.

6. 가지고 나온 신발은 자기가 신거나 다른 사람이 신을 수 있다.

7. 신발을 훔치다 술래에게 치이면 죽어서 술래가 된다.

놀이판 그리기

① 네모를 그리고, 네 귀퉁이는 원을 그려 쉼통으로 삼는다.

② 네모 안쪽 한가운데 원을 그려 신발집으로 삼는다.

③ 금 바깥은 바깥마당이 된다.

102열 발 뛰기

술래에게 잡히지 않도록 한 발부터 열 발까지 멀리 뛴다.

출발선

① ② ③ ④ ⑤ ⑥ ⑦ ⑧ ⑨ ⑩

술래

술래가
칠 수 있는 선

열 발 뛴 사람들

놀이 방법

1. 술래를 정하고, 술래가 아닌 사람들은 출발선에서 한 발 뛰어 나간 다음 표시하고 돌아서서 제자리에 우뚝 선다.

3. 술래는 출발선에서 손으로 사람들을 친다. 술래 손에 닿은 사람은 다음에 술래가 된다. 만일 술래가 다 못 칠 때는 "들어와!" 하고 말한다. 그러면 그 자리에서 금을 안 밟고 한 발로 들어와야 한다.

4. 그 다음에는 두 발을 뛰고 같은 방법으로 논다.

5. 이렇게 해서 열 발까지 계속한다.

6. 술래는 언제나 다른 사람보다 한 발 덜 뛰어야 한다.

7. 열 발이 끝나면 술래가 "들어와!" 하면 모두 오리걸음으로 오리 울음소리를 내며 걸어 들어온다. 이때 술래는 손으로 잡는다. 술래가 잡으려고 할 때 오리걸음을 멈추면 잡을 수 없다.

들어 와

8. 만일 술래에게 치인 사람이 여러 명이면 가위바위보로 술래할 사람을 정한다.

놀이판 그리기

· 긴 금을 하나 긋는다.

---

103 네모 사방치기(1)

망을 던져 놓고 번호대로 갔다 오면서 망을 주워 온다.

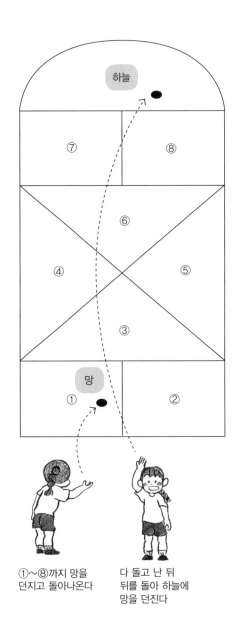

①~⑧까지 망을
던지고 돌아나온다

다 돌고 난 뒤
뒤를 돌아 하늘에
망을 던진다

놀이 방법

1. ①에 망(납작한 돌)을 던져 놓고, ②부터 ⑧까지 깨금발(②, ③, ⑥)이나 양발(④ ⑤, ⑦ ⑧)로 갔다 온다.

2. ⑦ ⑧에서 되돌아올 때는 그 자리에서 뒤를 돌아 뛰어 오른발 왼발의 위치가 바뀐다.

3. ②에 도착하면 ①에 있는 망을 깨금발로 줍는다.

4. 이런 방법으로 번호 차례대로 망을 던지고, 망을 주워 온다.

5. 망이 옆 칸에 있을 때는 깨금발로, ③에 있을 때는 ④ ⑤에서, ⑥에 있을 때는 ⑦ ⑧에서 양발로 줍는다.

6. ⑧에 있는 망을 가지고 나온 뒤에는 처음 출발한 자리에서 뒤돌아서서 망을 머리 너머로 던진다.

7. 망이 하늘에 들어가면 ⑦ ⑧까지 가서 양발을 딛고 망을 주워 돌아 나오면 이긴다.

8. 망이 금에 닿거나 밖으로 나가면 죽는다. 뛰다가 발이 금에 닿아도 죽는다.

제자리에서 뒤로 돈다

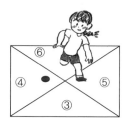

주의할 점

• 망이 있는 곳에는 발을 딛지 않는다.

놀이판 그리기

① 땅에 네모를 그리고 위에는 하늘을 그린다.

② 네모 안은 그림처럼 금을 긋고, 번호를 써 넣는다.

③ 납작한 돌을 주워 망으로 삼는다.

---

104 네모 사방치기(2)

망을 던져 놓고 번호대로 갔다 오면서 망을 주워 온다. 땅따먹기까지 연결할 수 있다.

놀이 방법

1. '네모 사방치기(1)'과 놀이 방법이 같고, 마지막은 망을 던진 곳에서 뒤로 돌아 망을 던진다.
2. ⑧까지 갔다 돌아오면서 망을 줍고, 자기 땅으로 표시한다(이것을 '애기 난다'고 부른다).
3. 다시 놀이를 시작하는데, 자기 땅에서는 양발로 설 수 있으나 상대편은 남의 땅을 건너뛰어야 한다.
4. 자기 망이 자기 땅에 떨어지면 그 땅을 도로 잃는다.
5. 모든 땅을 다 따먹으면 확보한 땅을 세고, 땅을 따먹은 수로 승부를 가린다.

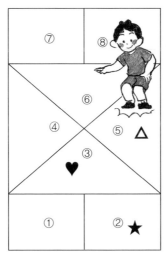

내 땅에서는
두 발로!

놀이판 그리기

① '네모 사방치기(1)'과 같은 놀이판을 그리되, 하늘이 없다.
② 납작한 돌을 주워 망으로 삼는다.

105 비행기 사방치기

땅에 네모로 비행기 모양을 그리고, 망을 던져 놓고 번호대로 갔다 오면서 망을 주워 온다.

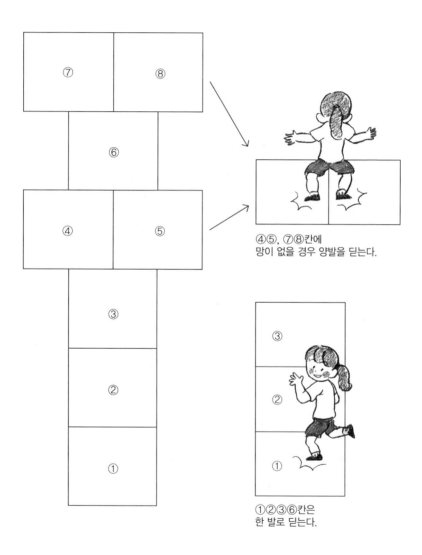

④⑤, ⑦⑧칸에
망이 없을 경우 양발을 딛는다.

①②③⑥칸은
한 발로 딛는다.

놀이 방법

1. ①에 망을 던져 놓고, ②부터 ⑧까지 깨금발(②, ③, ⑥)이나 양발(④ ⑤, ⑦ ⑧)로 갔다 온다.
2. ⑦ ⑧에서 되돌아올 때는 그 자리에서 뒤돌아 뛴다.
3. ②에 도착하면 ①에 있는 망을 깨금발로 줍는다.
4. 이런 방법으로 번호 차례대로 망을 던지고, 망을 주워 온다.

주의할 점

• 망이 있는 곳에는 발을 딛지 않는다.

놀이판 그리기

① 전체 모양이 비행기를 닮은 네모 여덟 개를 그린다.
② 납작한 돌을 주워 망으로 삼는다.

106 세 줄 사방치기

망을 던져 놓고 발로 차면서 한 칸씩 나아간다.
땅따먹기로 연결하여 논다.

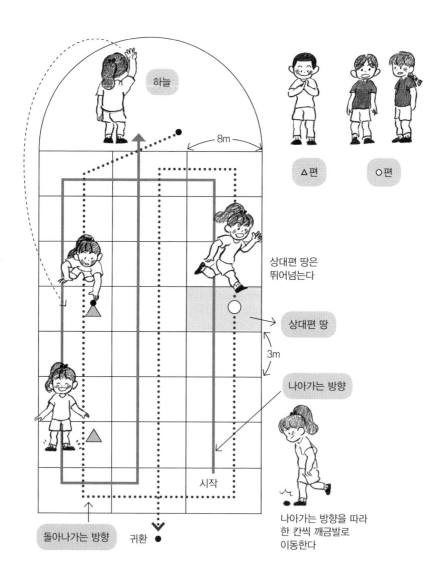

하늘

8m

△편

○편

상대편 땅은
뛰어넘는다

상대편 땅

3m

나아가는 방향

시작

돌아나가는 방향

귀환

나아가는 방향을 따라
한 칸씩 깨금발로
이동한다

놀이 방법

1. 편을 갈라 나아가는 방향(──▶)을 따라 한 칸씩 깨금발로 망을 차며 하늘까지 간다.

2. 하늘까지 제대로 간 사람은 돌아서서 머리 위로 망을 던진다.

3. 망이 어느 칸에 들어가면 깨금발로 돌아나가는 방향(⋯⋯▶)을 따라 나오다가 망이 있는 바로 앞 칸에서 멈추고 자기편 땅 표시를 하고 깨금발로 나온다. 깨금발로 다나오지 못하면 자기가 딴 땅은 무효가 된다.

4. 위와 같은 방법으로 한 편이 죽을 때까지 계속한다. 이때 자기편 땅에서는 두 발로 서고, 상대편 땅은 뛰어넘어야 한다.

5. 칸이 모두 땅으로 차면 편마다 자기 땅 수를 세어 이긴 편을 정한다.

6. 상대편 땅이 서너 개가 연달아 있어 뛰어넘을 수 없어도 진다.

7. 자기 땅에 망이 들어가면 그 땅은 잃게 된다.

주의할 점

• 금을 밟으면 죽는다.

놀이판 그리기

① 한 줄에 여덟 칸이 있는 네모 세 줄(8m×3m)을 그린다. 맨 위에는 하늘을 그린다.
② 납작한 돌을 주워 망으로 삼는다.

107 발목지 사방치기

망을 발 앞부리에 올려놓고 던진 뒤 찬다. '망'을 '목지'라고 부르면서
'발목지'라는 이름이 되었다.

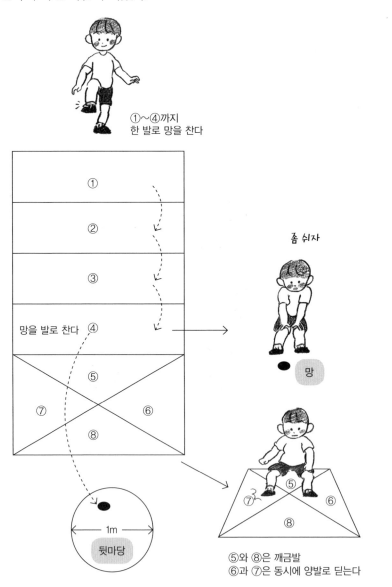

①~④까지
한 발로 망을 찬다

좀 쉬자

망을 발로 찬다 ④

①
②
③
⑤
⑦ ⑥
⑧

망

1m
뒷마당

⑤

⑦ ⑥

⑧

⑤와 ⑧은 깨금발
⑥과 ⑦은 동시에 양발로 딛는다

놀이 방법

1. 발 앞부리에 망을 올려놓고 ①번 칸으로 망을 던진다. 망이 다른 칸으로 떨어지면 죽는다.

2. 깨금발로 망을 차면서 한 칸씩 가고, ④에 오면 두 발로 쉰다.

3. ④에서 망을 차서 뒷마당에 넣는다.

4. 망이 뒷마당 바깥에 떨어지면 죽는다.

5. 망이 뒷마당 안으로 들어가면 깨금발로 ⑤로 가고, ⑥과 ⑦은 두 발로 동시에 딛고, ⑧에서는 깨금발로 뒷마당까지 가서 망을 주운 뒤 같은 차례로 돌아나온다.

6. 망이 뒷마당 금에 있으면 손으로 망을 들고, 들고 있는 다리 밑으로 망을 살짝 위로 던져 올린 뒤 다른 손으로 받아야 산 것이 된다.

망이 금에 있을 경우 망을 다리 밑으로 올려 잡는다

7. 뒷마당에 던진 망이 안으로 떨어지면 다음에 한 칸 건너뛰고 망을 ③으로 던지는 특혜를 가진다.

8. 이런 방법으로 ④까지 하고, 먼저 끝나는 편이 이긴다.

주의할 점

• 금을 밟으면 죽는다.

놀이판 그리기

① 커다란 네모를 그리고 그 안을 그림처럼 나눠 놀이판을 완성한다.

② 둥그런 뒷마당을 그린다.

③ 납작한 돌을 주워 망(목지)으로 삼는다.

108 땅따먹기

손가락으로 돌을 튕겨 내 땅을 만든다.

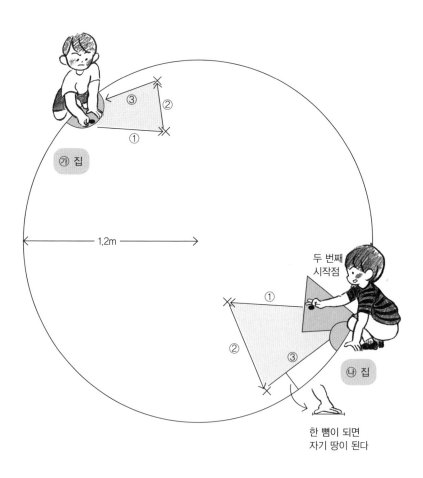

1.2m

③
②
①

㉮ 집

두 번째
시작점

①
②
③

㉯ 집

한 뼘이 되면
자기 땅이 된다

248

놀이 방법

1. 동전만 한 돌을 준비한다.
2. 가위바위보로 차례를 정하고 어느 한 지점에서 뼘을 최대한 늘려서 반원을 만들어 자기 집으로 삼는다.

손가락을 펴서
가장 큰 반원을 그린다

3. 자기 집에서 말을 손가락으로 세 번 튕겨 자기 집으로 들어온다.
4. 이때 말이 멈춘 두 지점을 X표로 표시해 두었다가 연결해 자기 땅을 만든다.
5. 말이 금에 닿거나 남의 땅에 들어가거나 세 번 만에 자기 땅으로 못 돌아오면 죽는다.
6. 세 번 만에 자기 땅으로 들어오면 자기 땅이나 금에서 한 뼘 거리를 이어서 자기 땅으로 한다.
7. 더 이상 땅이 없으면 그때까지 얻은 땅을 견주어서 승자를 가린다.

놀이판 그리기

① 두세 명이 할 때는 원을 그리고, 원에서 한 뼘을 돌린 반원을 자기 집으로 표시한다.
② 네 명이 할 때는 네모를 그리고, 귀퉁이에서 한 뼘을 돌려 자기 집으로 표시한다.

109 땅재먹기

상대방 집 쪽으로 돌을 튀겨 상대방 땅을 빼앗는다.

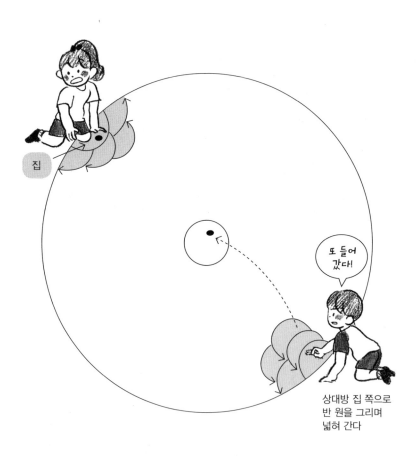

또 들어
갔다!

집

상대방 집 쪽으로
반 원을 그리며
넓혀 간다

놀이 방법

1. 가위바위보를 해서 이긴 사람부터 자기 집에서 말을 쳐서 가운데 작은 원에 넣는다.
2. 말이 작은 원에 들어가면 손가락을 펴서 자기 땅을 넓힌다. 땅을 재서 먹었으면 다시 할 수 있다.
3. 작은 원에 말이 들어가지 않으면 차례가 넘어간다.
4. 땅을 많이 차지한 사람이 이긴다.

놀이판 그리기

① 커다란 원을 그리고, 자기 집을 그린다.
② 원 한 가운데에 작은 원을 그린다.

110 왕짱구

"왕짱구"를 외치며 "구"에서 자기 앞에 선 사람의 발등을 밟는 놀이다.

놀이 방법

1. 가위바위보로 차례를 정한다.
2. 첫째가 "왕" "짱" "구" 하며 세 박자로 뛰면 다른 사람들은 그대로 따라 하면서 "구" 하는 끝소리와 함께 자기보다 앞에 있는 사람의 발등을 밟는다.
3. "짱구" 하고 두 박자로 뛸 수도 있다. "왕" "짱" "구" 할 때 "왕"은 원 안에서 발을 디뎌야 한다. 따라서 너무 멀리 가면 일등이 "왕" "짱" "구"를 해서 죽이기도 한다.
4. 발등을 밟히거나 "왕" "짱" "구"에서 "왕"에 원을 밟지 못한 사람은 죽는다. 맨 나중까지 산 사람이 다음번에 첫째가 된다. 맨 먼저 죽은 사람이 다음번에 꼴찌가 되어 다시 시작한다.

놀이판 그리기

· 반지름이 25~30cm인 원을 그린다.

111 가로막기

깨금발로 뛰어 다음 칸으로 간 뒤 허수아비처럼 움직이지 않는다.

놀이 방법

1. 가위바위보로 차례를 정해 출발한다.

2. 첫 번째 사람이 ㉮ 칸에서 깨금발로 세 번 뛰어 ㉯ 칸으로 들어가 다리를 벌리고 양팔을 벌려 선다.

3. 두 번째 사람이 똑같은 방법으로 ㉯에 자기 마음대로 자세를 잡고 선다. 이때 첫 번째 사람하고 몸이 닿으면 죽는다.

4. 세 번째 사람부터는 첫 번째 사람 몸을 피해 서면서 첫 번째 사람의 다음 진로를 방해하는 자세로 선다(예 : 두 손으로 첫째의 다리를 동그랗게 감싸는 자세).

5. 이렇게 해서 모든 사람이 ㉯에 모이면 같은 방법으로 ㉰에 다시 모인다. 이때 다른 사람 몸에 닿으면 죽기 때문에 첫 번째 사람은 몸을 잘 빼서 ㉰로 건너 뛴다.

6. ㉰에 다 모이면 첫 번째부터 나온다. 다 통과해 나오는 동안 죽지 않은 사람이 다시 첫 번째가 되고, 먼저 죽은 사람이 순서로 뒷차례가 된다.

놀이판 그리기

· 큰 네모를 그리고, 안을 4등분 해 금을 긋는다.

---

112 절름발이놀이

술래가 절름발이가 되어 사람들을 치는 놀이다.

놀이 방법

1. 술래를 정하고, 동그라미 안에서 열을 센 다음 한쪽 손으로 한쪽 발목을 잡고 절름거리며 달아나는 사람들을 쫓는다.
2. 술래에게 치인 사람은 원 안에 갇힌다.
3. 술래에게 잡히지 않은 사람이 술래 몰래 뛰어와서 원 안에 갇힌 사람을 손으로 치면 달아날 수 있다. 이때 구해 주는 사람은 깨금발이어야 한다.
4. 술래는 잡힌 사람을 구해 주지 못하게 해야 한다. 그래서 다른 사람을 너무 멀리 쫓아가지 말아야 한다.
5. 모두 잡히면 처음에 잡힌 사람이 술래가 된다.

놀이판 그리기

· 지름이 1m 정도의 동그라미를 긋는다.

113 글자 찾기

땅에 써 놓은 글자를 찾는 놀이다.

글자를 판다

흙으로 덮은 뒤
표시한다

놀이 방법

1. 미리 글자 수를 정한다. 세 자 안팎이 알맞다.
2. 서로 멀찌감치 떨어진 다음 자기가 생각한 글자를 땅에 파고 흙으로 덮는다.
3. 덮은 자리에 동그라미를 그려서 위치를 표시한다.
4. 다른 사람의 자리로 가서 덮은 흙을 걷어 내며 글자를 찾는다.
5. 맨 먼저 찾은 사람이 "찾았다!" 하고 외친다.
6. 글자가 분명하지 못하게 쓴 사람에게는 적당한 벌칙을 준다.

주의할 점

• 단단한 땅에서 하면 좋다.

114 망차기(1)

네모난 칸을 그리고, 망을 차며 노는 놀이다.

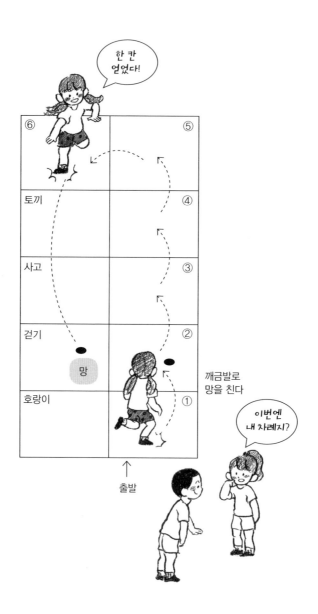

놀이 방법

1. 가위바위보로 차례를 정한다.

2. 첫 망차기를 하는 사람은 출발점에 서서 ①번에 망을 놓고 깨금발로 ②③④⑤⑥번까지 가고, ⑥번에서 망을 차 넣는다.

3. 이때 망이 '토끼'나 '걷기' 칸에 들어가면 한 칸을 얻고, '호랑이' 칸에 들어가면 세 걸음을 얻으며, '사고' 칸에 들어가면 무효가 된다.

4. 깨금발로 그 칸까지 가서 망을 주워 들고 출발점으로 돌아온다. 단 망이 '걷기' 칸에 들어가면 보통 걸음으로 나온다.

5. 망이 '호랑이'에 들어간 경우 세 칸을 얻기 때문에 ④번에 망을 던져 놓고, '토끼'나 '걷기' 칸에 들어간 경우는 한 칸을 얻기 때문에 ②번에 망을 던진다.

6. 이렇게 해서 앞서 한 방법대로 계속 한다. ⑥번까지 먼저 올라간 사람부터 승부를 정한다.

주의할 점

• 뛰다가 금을 밟거나 망이 금에 놓이거나 금 밖으로 나가면 죽는다.

놀이판 그리기

① 한 줄이 다섯 칸인 네모를 두 줄 그린다.
② 그림처럼 글자 칸에는 토끼, 사고, 걷기, 호랑이 글씨를 써 넣는다.

115 망차기(2)

'망차기(1)'과 같으나 '쉬는 칸'이 있어 쉴 수 있다.

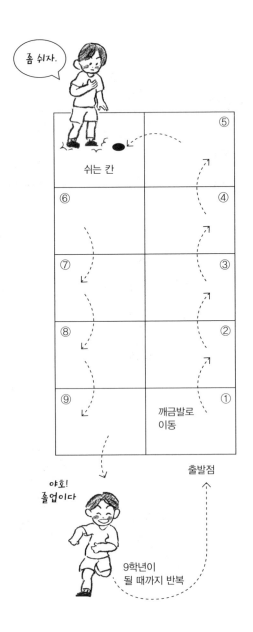

놀이 방법

1. '망차기(1)'과 같으나 ⑤번에서 '쉬는 칸'으로 망을 차 넣고 들어가서 두 발로 잠깐 쉰다.

2. 그런 뒤 다시 시작하여 ⑨번까지 와서 바깥으로 찬다. 이렇게 하면 1학년을 졸업한 것이 된다.

3. 1학년을 졸업하면 다시 출발점에 와서 ②번에 망을 던지고 앞의 방법과 같이 2학년을 졸업한다. 이렇게 하여 9학년을 먼저 졸업한 사람은 출발점에서 뒤로 돌아선 다음 망을 던진다.

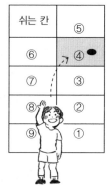

4. 망이 떨어진 칸이 그 사람 칸이 되어, 칸에 표시를 한 뒤 시작점에서 다시 출발한다. 이때 자기 칸에는 망을 차 넣지 않고 건너뛰고, 그 칸에서는 두 발로 선다.

5. 이렇게 하여 정해 놓은 시간에 누가 먼저 몇 칸을 차지했는가에 따라 승부를 결정짓는다.

6. 다른 사람이 딴 칸은 들어갈 수 없고, 깨금발로 건너뛰어야 한다. 그리고 뒤로 돌아서 망을 던졌을 때 다른 사람이 차지한 칸에 들어가면 죽는다.

놀이판 그리기

① 한 줄이 다섯 칸인 네모를 두 줄 그린다.

② 쉬는 칸을 넣는다.

---

116 대장놀이

자기 망이 대장 칸에 들어간 사람이 대장이 되어 명령을 한다.

놀이 방법

1. 출발선에서 망을 던지거나 발로 찬다.

2. 망이 대장 칸에 들어간 사람은 대장이 되어 다른 칸에 들어간 사람한 테 명령을 내린다. 대장 칸에 들어간 사람이 없으면 다시 한다.

3. 아무 칸에 들어가지 못한 사람은 들어갈 때까지 거듭 던지거나 찬다.

4. 대장은 차례로 칸 안에 적힌 대로 하도록 명령한다. '시간'은 시계를 보고 오도록 하는 것이고, '인사'는 모든 사람에게 한 사람씩 인사를 하는 것이다.

5. 대장에 따라 여러 가지 방법으로 명령할 수 있는데, 이를테면 모든 사람들한테 운동장을 돌고 오라고 할 수도 있다.

6. 여럿에게 명령을 할 경우 맨 처음 명령을 수행한 사람이 맨 나중에 한 사람에게 벌칙을 줄 수도 있다.

놀이판 그리기

① 지름 1.5~2m 되는 원을 그리고 그 안을 그림처럼 만든다.

② 원 안에는 그림에서처럼 글씨를 써 넣는다.

③ 출발선은 원에서 3~4m 떨어진 곳에 긋는다.

117 길 따라 잡기

호랑이가 된 술래는 길을 따라 다니면서 사람들을 잡는다.

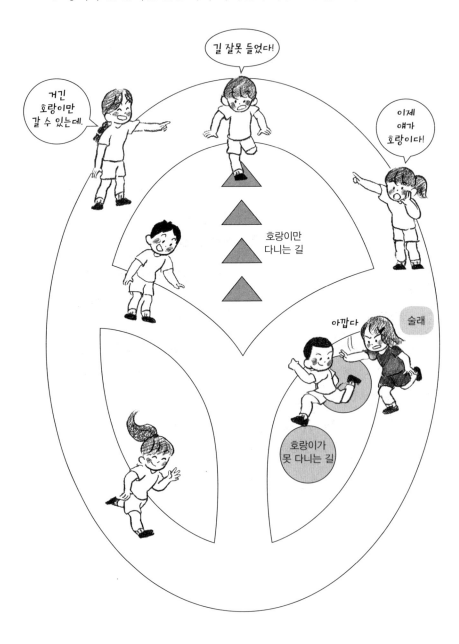

놀이 방법

1. 술래는 '호랑이'가 된다.
2. 술래가 아닌 사람이 호랑이만 다니는 길로 가면 그 사람이 술래가 된다.
3. 술래는 호랑이가 못 다니는 길로 갈 수 없다.
4. 달아나다가 금을 밟거나 금 밖으로 나가면 술래가 된다.
5. 겨울철 눈이 왔을 때 눈을 쓸어 길을 내어 하면 좋은 놀이다.

주의할 점

• 모든 참가자는 정해진 길로만 다녀야 한다.

놀이판 그리기

① 그림과 같은 놀이판을 그린다.
② 길의 폭은 한두 명이 지나갈 수 있는 폭이면 된다.
③ 호랑이만 다니는 길과 호랑이가 못 다니는 길을 그린다.

118 눈 감고 누군지 알아맞히기

술래가 눈을 가린 채 다른 사람을 잡아 누군지 알아맞히는 놀이다.

놀이 방법

1. 모든 사람이 원 안으로 들어간다.

2. 가위바위보를 해서 마지막 진 사람이 술래가 되어 수건으로 눈을 가린 다. 눈은 철저히 잘 가려야 한다.

3. 술래는 다른 사람들을 잡으러 다닌다.

4. 술래에게 잡힌 사람은 멈춰 서야 하며, 술래는 잡힌 사람의 머리, 얼굴, 옷 따위를 만져 보고 이름을 댄다.

5. 이름이 맞으면 잡힌 사람이 술래가 된다.

6. 술래를 피해 달아나다가 원 밖으로 나가거나 금을 밟으면 잡힌 것으로 본다.

놀이판 그리기

① 사람들 수에 맞게 원을 그린다.

② 원을 너무 크게 그리면 좋지 않다.

즐기기 놀이

119 두꺼비집 짓기

진흙이나 모래에 손을 넣어 집을 짓는다.

♫ 두껍아 두껍아 집 지어라

놀이 방법

1. 모두 함께 한 손을 흙 속에 파묻고 다른 한 손으로 흙을 두들겨서 다독거리며 두꺼비집을 짓는다.

2. 두꺼비집을 지을 때 노래를 부른다.

   ♬ 두껍아 두껍아 집 지어라

   황새야 황새야 물 길어와라(경기 지방)

3. 살그머니 손을 빼내고 누구 집이 가장 깊은지 견주어 본다. 학교 씨름장이나 강변, 해변가에 모래가 많다.

4. 진흙나 모래가 있는 곳이 놀이하기 알맞다.

120풀 겨루기

뜯어 온 풀의 이름을 말하며 누가 가장 많은 종류의 풀을 뽑았는지 가린다.

놀이 방법

1. "시작!" 하고 풀밭으로 흩어져 풀잎을 뜯어 모은다.
2. 약속한 시간에 모여 맨 먼저 도착한 사람이 자기가 모은 풀잎 가운데 하나를 골라 "자, 이것은 민들레. 민들레 내놓아라." 하고 민들레를 든다.
3. 그러면 다른 사람은 민들레를 내놓아야 한다. 이때 민들레를 뜯어 온 사람은 한 점을 얻고 민들레를 못 뜯어 온 사람은 한 점을 잃는다.
4. 먼저 풀 이름을 대는 사람은 반드시 그 풀 이름을 알고 있어야 한다. 만일 어떤 사람이 "이것은 애기똥풀, 애기똥풀 내놓아라." 하고는 다른 풀을 들면 점수를 잃는다.
5. 처음 풀 이름을 부르던 사람이 더 이상 풀이 없으면 가짓수가 가장 많은 사람이 다음에 계속한다.
6. 모두 끝나면 총점을 헤아려 승자를 가린다.

주의할 점

• 풀 이름을 잘 모를 때는 가짓수를 세어서 많은 수를 가진 사람이 이기는 것으로 한다.
• 풀잎 대신 꽃잎으로 해도 좋다.
• 줄기를 서로 엇갈려서 잡아당겨 누구 것이 먼저 끊어지는지 겨루기도 한다.

121 물수제비 뜨기

물 위로 돌을 던져 돌이 튀는 횟수를 센다.

놀이 방법

1. 물가 자갈밭에서 반들반들하고 납작한 작은 돌을 모아 온다.

2. 돌을 물 위를 향해 비스듬히 던진다.

3. 물 위를 날던 조약돌은 물에 닿는 순간 튀게 된다. 그 튀는 횟수를 세어 내기를 한다.

4. 팔매질을 잘해야 하고, 돌을 내던지는 각도를 잘 맞추어야 하는데, 경험을 쌓아야 잘할 수 있다.

주의할 점

• 돌은 납작하고 가벼운 것을 골라야 한다.

122 호드기 불기

버드나무, 미루나무, 산오리나무 가지로 호드기를 만들어 분다.

놀이 방법

1. 봄, 새순이 돋아날 무렵 물오른 버드나무, 미
   루나무, 산오리나무 가지를 아이들 새끼손
   가락만하게 꺾는다.

2. 꺾은 가지를 위에서부터 힘주어 조심스럽게 비틀어 내려간다.

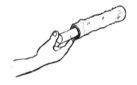

3. 10~15cm 정도 비튼 다음 칼집을 내어 가지를 자르고 아래에서 위로
   속심을 빼낸다.

4. 속이 빈 껍질을 6~8cm 정도 길이로 잘라 한
   쪽 끝의 겉껍질을 2mm 정도 벗겨 내고 파란
   색이 도는 속껍질만 남긴다.

5. 속껍질이 드러난 곳을 납작하게 눌러서 입에
   대고 불어 본다.

6. 이때 호드기의 길이가 길수록 저음이 나고, 짧을수록 밝은 소리가 난
   다. 또 굵을수록 저음이 나고 가늘수록 고음이 난다.

7. 두 손으로 호드기를 감싸고 소리를 조절해 가며 불어 본다.

8. 숨을 들이마신 뒤 누가 계속해서 오래 소리를 낼 수 있는지 겨룰 수도
   있다.

123 포수놀이

종이쪽지에 적힌 역할을 하는 놀이로, 포수가 된 사람은 술래가 되어 임금의 명령을 받는데, 나머지 사람들이 무슨 동물인지 잘 맞혀야 한다.

놀이 방법

1. 종이쪽지에 임금, 포수, 그리고 나머지 사람들 수만큼 동물 이름을 적은 다음 접어서 뿌린다.

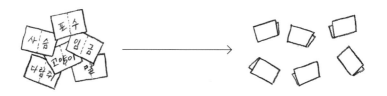

2. 하나씩 종이를 집어서 펴 보고 시치미를 뚝 뗀다.

3. '임금' 종이를 집은 사람은 포수에게 "○○○ 동물을 잡아 오라!"고 명령한다.

4. '포수' 종이를 잡은 사람은 임금이 잡아 오라고 한 동물이 누구인지 찾는다.

5. 임금이 잡아 오라고 한 동물과 다른 동물을 잡아 오면 포수가 벌을 받는다.

주의할 점

• 어떤 벌칙을 줄지 미리 정한다.

124 말 잇기

낱말을 이어 가며 논다.

끝말잇기

이름 대기

놀이 방법

말 잇기 놀이는 보통 세 가지로 한다.

1. 끝말잇기 : 처음 한 사람이 낱말을 얘기하면, 그 낱말의 끝말로 시작되는 낱말을 대는 놀이다. 빙 둘러앉아 차례대로 낱말을 댄다. 미처 낱말을 못 대는 사람은 벌칙을 받는다.

2. 이름 대기 : 한 사람이 다른 사람 이름을 부르면서 한 음절을 댄다. '명'을 얘기하면 이름이 불린 사람은 재빨리 그 음절로 끝나는 낱말 '생명', '발명'을 대야 한다. 미처 못 댄 사람은 벌칙을 받고, 놀이를 다시 시작한다.

3. 같은 종류 말하기 : 미리 범위를 정하고(예 : 물고기) 번갈아 가며 그 종류(예 : 붕어, 갈치 따위)를 말한다. 미처 못 대면 그 사람에게 벌칙을 준다.

같은 종류 말하기

주의할 점

• 벌칙을 미리 정해야 한다.

125 살치기놀이

노래를 하며 앞사람이 하는 동작을 따라하는 놀이다.

🎵 살치기

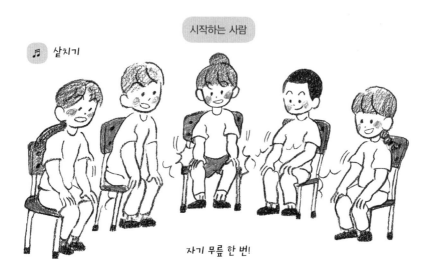

자기 무릎 한 번!

🎵 살치기

옆사람 무릎 한 번!

놀이 방법

1. 둥그렇게 모여 앉아 처음에는 모두 한 사람의 시작에 따라 박자 맞추
   어 두 손으로 자기 무릎을 치며 돌아간다.
2. 시작하는 사람이 "샅치기 샅치기 사뽀뽀"를 외친다. 그러면 "사치기"에
   자기 무릎 한 번, 다시 "샅치기"에 옆 사람 무릎을 한 번 친다.
3. "사뽀뽀"에서는 시작하는 사람이 마음대로 동작을 한다. 그러면 바로
   옆사람은 한 박자 늦게 앞사람을 따라한다. 같은 방식으로 계속 옆으
   로 진행한다.

4. "샅치기 샅치기 사뽀뽀"를 다시 시작할 때마다 먼저 시작한 사람은
   "사뽀뽀"에서 동작을 계속 바꾼다.
5. 만일 먼저 시작하는 사람의 동작대로 못 따라 하거나 제멋대로 바꾸는
   사람은 노래를 부른다.

126 손바닥 치기

노래를 부르며 여러 가지 동작으로 손을 치며 노는 놀이다.

마주치기

엇갈려 치기

위아래 치기

놀이 방법

1. 서로 마주 보고 노래를 부르며 여러 가지 손짓을 하며 손바닥을 친다.

   예) 마주치기, 엇갈려 치기, 위아래 치기

2. 느리게 하다가 점점 빠르게 한다. 이때 틀린 사람은 간단한 벌을 받거나 심부름을 한다.

주의할 점

• 이 놀이를 할 때 부르는 노래는 지방마다 다르며 대개 가사 바꾼 노래들이 많다.

127 그림자놀이

손으로 그림자를 만들어 벽에 비추며 논다.

놀이 방법

1. 어두운 방 안에서 촛불을 켠다.
2. 촛불 앞에서 두 손을 이용해 손바닥을 펴거나 손가락을 오므리고 이리 저리 엇갈려 쥐면서 맞은편 벽에 그림자를 만든다. 이때 그 그림자의 생김새에 따라 동물이나 사물 이름을 맞힌다.
3. 이때 그림자를 만든 사람은 그 동물의 울음소리를 낸다. 이를테면 염소 그림자일 때는 "음메" 하고, '개'일 때는 "웡웡" 하고 짖는 소리를 낸다.
4. 손가락을 위아래로 오므렸다 펴서 실제로 동물이 입을 벌렸다 오므렸 다 하는 것처럼 한다.

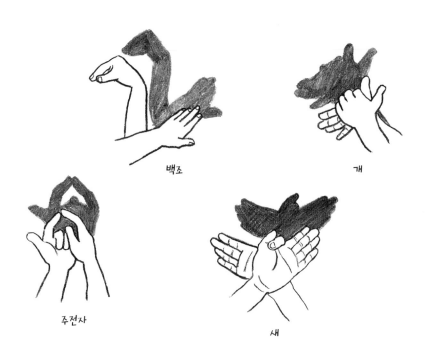

백조

개

주전자

새

128 문놀이

술래 두 사람이 문을 만들면
나머지 사람들은 노래를 부르며 문을 지나간다.

놀이 방법

1. 가위바위보로 술래 두 명을 뽑는다.
2. 술래 두 사람은 손을 마주 잡고 들어올려 문을 만든다.
3. 나머지 사람들은 한 줄로 서서 앞사람 허리를 잡고, 허리를 구부려 술래 사이를 지나간다.
4. 이때 다 같이 노래를 부르는데, 술래는 사람들이 지날 때 두 손으로 등을 툭툭 친다.

> ♫ 동동 동대문을 열어라
> 남남 남대문을 열어라
> 열두 시가 지나면 문을 닫는다

5. 노래가 끝나면서 술래는 마주 잡은 두 손 안으로 들어온 사람을 가둔다.
6. 잡힌 사람은 다음 술래가 된다.
7. 이렇게 두 사람을 뽑으면 술래가 바뀌고 놀이는 계속된다.

129 닭잡기

닭과 너구리 역할을 정한 뒤 너구리가 원 안에 있는 닭을 잡는 놀이다.

놀이 방법

1. 여러 사람들이 손을 잡고 둥글게 만든다.

2. 닭과 너구리를 정한다.

3. 닭은 원 안에 있고 너구리는 원 밖에 선다.

4. 너구리가 원 밖에서 "달걀 하나 주면 안 잡아 먹지!" 하고 외친다.

5. 그러면 닭은 도망치기 시작하고 너구리는 쫓아간다.

6. 닭이 원 밖으로 도망칠 때는 손을 잡은 사람들이 팔을 들어 길을 내주
   지만 너구리가 원으로 들어오려고 할 때는 팔을 내리거나 쪼그려 앉아
   서 길을 방해한다.

7. 닭이 너구리에게 잡히면 너구리가 되고, 미리 정한 차례에 따라 다음
   사람이 닭이 되어 놀이를 계속한다.

130 여우놀이

여우를 정하고, 여우와 다른 사람들이 노래로 묻고 답하는 놀이다.

놀이 방법

1. 술래는 여우가 되어 작은 원 안에 머리를 수그리고 쪼그려 앉는다.
2. 나머지 사람들은 손에 손을 잡고 술래와 노래로 화답한다.

♬ 여우야, 여우야, 뭐 하니(모두)

잠잔다(술래)

잠꾸러기(모두)

여우야, 여우야, 뭐 하니(모두)

세수한다(술래)

멋쟁이(모두)

여우야, 여우야, 뭐 하니(모두)

밥 먹는다(술래)

무슨 밥(모두)

구더기 밥(술래)

무슨 반찬(모두)

개구리 반찬(술래)

죽었니, 살았니(모두)

죽었다(살았다) (술래)

3. 술래가 '죽었다'고 대답할 경우에는 모두가 다시 "죽었니, 살았니?" 하고 묻는데 이때도 술래가 '죽었다'고 하면 다시 몇 번이고 묻는다.
4. 만일 술래가 갑자기 '살았다' 하면 사람들은 "와아!" 하고 달아나고 술래는 벌떡 일어나 도망가는 사람들을 쫓아가 손으로 친다. 술래에게 치인 사람이 술래가 되고 놀이는 다시 시작된다.

주의할 점

• '죽었다' 할 경우 움직이면 안 된다.

131 어깨동무

서로 어깨동무를 하고 노래 부르며 노는 놀이다.

♫ 어깨동무 해동무

놀이 방법

1. 서로 어깨동무를 하고 노래를 부르며 걷다가 노래가 끝나면 재빨리 땅에 앉는다.

   ♬ 어깨동무 해동무 미나리 밭에 앉았다

2. 이때 늦게 앉은 사람이나 너무 빨리 앉은 사람은 다음번에 한 번 빠진다.

3. 노래는 지방마다 다른데 서울 지방에서는 위의 노래가 지금까지 전해지고 있다.

주의할 점

• 같은 또래끼리 해야 키가 맞고 또 잘 어울릴 수 있다.

132 꽃찾기놀이

노래로 응답하며 상대편 사람을 한 명씩 데려온다.

놀이 방법

1. 두 편으로 나누어 같은 편끼리 손에 손을 잡고 3m 정도 거리를 두고 마주 선다.

2. 가위바위보로 먼저 시작하는 편을 정한다.

3. 먼저 시작하는 편이 "우리 집에 왜 왔니, 왜 왔니?" 하면서 씩씩하게 걸어 나간다.

4. 상대편은 같은 걸음으로 물러난 다음 "꽃 찾으러 왔단다, 왔단다!" 하면서 앞으로 나간다.

5. 그러면 먼저 시작했던 편이 같은 걸음으로 물러난 뒤 "무슨 꽃을 찾으러 왔느냐, 왔느냐?" 하면서 앞으로 나아간다.

6. 상대편은 뒤로 물러났다가 앞으로 나아가면서 미리 정한 사람의 이름을 부르며 "○○꽃을 찾으러 왔단다, 왔단다!" 하고 응답한다.

7. 이름이 불린 사람과 이름을 부른 사람이 나와 가위바위보를 한다.

8. 가위바위보에서 진 사람은 이긴 편으로 가서 붙는다.

9. 이긴 편은 다시 "우리 집에 왜 왔니, 왜 왔니?" 하면서 앞의 3~8번을 반복한다.

10. 한 사람도 안 남을 때까지 놀이를 계속한다.

133 계단놀이

가위바위보를 이긴 사람이 계단을 올라간다.

놀이 방법

1. 계단 양 끝에 서서 가위바위보를 한다.

2. 이긴 사람이 한 계단씩 올라간다.

3. 이렇게 해서 맨 먼저 도착한 사람이 이긴다.

주의할 점

• 도착할 계단을 미리 정해 놓는다.

134 스무고개

문제를 내는 사람이 생각한 것을 스무 번까지 물어서 맞힌다.

놀이 방법

1. 문제를 내는 사람을 정한다.

2. 문제를 내는 사람은 어떤 한 가지를 생각한다.

3. 나머지 사람들은 번갈아 가며 묻는다.

   "식물입니까?"(한 고개)

   "맞습니다."

   "밭에 삽니까?"(두 고개)

   "아닙니다."

4. 대답을 잘 듣고 범위를 좁혀 나가면서 묻는다.

5. 이렇게 해서 묻는 사람들은 스무 번 안에 맞혀야 한다.

135 멍석 말기

한 줄로 서 있던 사람들이 몸을 말고, 푸는 놀이로 몸을 부대끼며 하는 놀이다.

놀이 방법

1. 15명~20명을 한 편으로 하여 두 편을 나눈다.

2. 심지가 될 사람을 정한다.

3. 맨 앞에 심지를 세워 놓고, 모두 한 줄로 서서 손을 잡는다.

4. "시작!" 하는 외침이 떨어지면 재빨리 심지를 빙빙 돌아 감는다.

5. 이때 부르는 노래가 '멍석 말기'이나 노래는 잊혔고, "감자, 감자!"를 천천히 외치다가 갈수록 빨리 외치며 감는다.

6. 다 감았으면 맨 끝에 있는 사람이 "감기 끝!"을 외친다.

7. 감기가 끝나면 "풀자 풀자"를 외치면서 줄을 푼다.

8. 감기와 풀기를 먼저 끝낸 편이 이긴다.

9. 서로 잡은 손을 놓치면 안 된다. 노래를 정해서 불러도 괜찮다. 저학년
   이라면 겨루는 편 놀이가 아닌 대동놀이로 함께 즐기며 놀 수도 있다.

136 오이풀 치기

오이풀을 뜯어 무릎에 쳐 가며 냄새를 맡는다.

음!
오이 냄새

놀이 방법

1. 오이풀을 뜯는다.

2. 오이풀 줄기를 붙잡고 무릎에 쳐 가며 서로 냄새를 맡는다.

3. 이때 부르는 노래가 있다.

> ♬ 오이 냄새 나라
> 수박 냄새 나라
> 오이 냄새 나라
> 참외 냄새 나라

놀이하며 자연 알기
오이풀 치기를 하면서 풀 냄새를 맡으며 자연과 하나가 될 수 있다.

137 나뭇잎 따기

나무 잎자루를 떼어 가위바위보로 나뭇잎을 하나씩 떼어 낸다.

놀이 방법

1. 아카시아 나뭇잎처럼 잎이 나란히 달린 나무의 잎자루를 딴다.
2. 가위바위보를 해서 이길 때마다 잎을 하나씩 떼어 낸다.
3. 나뭇잎을 먼저 다 떼어 낸 사람이 이긴다.
4. 잎을 떼어 낼 때 가운뎃손가락을 오므렸다가 세게 튀겨서 한꺼번에 여러 잎을 따는 방법도 있다.

5. 이긴 사람은 진 사람에게 벌칙을 주는데, 무거운 것을 얼마만큼 들게 한다든지, 노래를 부르게 한다든지 한다.

주의할 점

• 잎의 수가 같아야 한다. 만약 잎이 더 많이 달린 잎자루이면 나뭇잎 수를 똑같이 맞춰 잎을 따고 놀이를 시작한다.

138 다리 세기

마주 보고 앉아 다리를 사이사이에 넣고 노래를 부르며 다리를 짚으며
다리를 세는 놀이다.

🎵 이거리 저거리 각거리

놀이 방법

1. 같은 수의 사람들(이를테면 세 명씩)이 마주 앉아 다리를 뻗어 사이사이 맞대고 가지런히 모은다.

2. 가락을 부르면서 한 아이가 맨 오른쪽이나 왼쪽부터 다리를 짚어 나간다.

> ♫ 이거리 저거리 각거리
> 진치망개 또망개
> 짝걸레 하양군
> 두루매 잔치 장독깨
> 동지섣달 대무서리
> 칠팔월에 무서리(경기도 북부 지방)

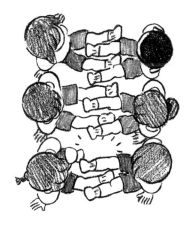

3. 가락이 끝날 때 짚은 다리는 오무려 들이고, 그다음 다리부터 다시 계속해서 가락을 부르며 세 나간다.

4. 이렇게 해서 두 다리가 먼저 오므려진 사람부터 등수를 내게 된다.

5. 맨 꼴찌로 남은 사람에게 작은 벌칙을 주거나 심부름을 시킨다.

비와 놀이

여름철 비가 줄기차게 내리면 아이들은 방 안에 묶인다. 이럴 때면 곧잘 대여섯 명이 마주 보고 앉아 다리를 뻗어 노래 부르며 노는 놀이가 '다리 세기'였다. '다리 세기'를 하면서 일의 차례와 기다릴 줄 아는 마음, 그리고 세는 법, 산술 능력을 자연스레 키워 주었던 것이다. 방 안에서 한동안 깔깔거리며 놀다 보면 어느새 비가 걷히고 앞산에 무지개가 찬란히 떴다.

139 가마타기

두 사람이 가마를 만들어, 가위바위보에서 이긴 사람을 태운다.

가마꾼

놀이 방법

1. 가위바위보를 해서 진 두 사람이 가마꾼이 된다.
2. 가마꾼은 상대편 반대 팔의 팔꿈치를 잡고, 나머지 한 손은 자기 팔의 팔꿈치를 잡는다.

3. 이렇게 해서 ㅁ자 모양의 가마를 만든다.

4. 가마꾼은 이긴 사람을 가마에 태워 정해진 곳을 돌아온다.
5. 다시 가위바위보를 해서 놀이를 계속한다.
6. 여러 개의 가마를 만들어도 된다.

140 웃음놀이

입을 다문 상태로 상대방을 웃게 만든다.

합죽이가 됩시다
합!

놀이 방법

1.먼저 다리를 펴서 가운데로 모으고 동그랗게 둘러앉는다.

2. 다음과 같은 노래를 부르며 시작한다.

> ♫ 모두 모여서 웃음 놀이 합시다
>
> 이빨 보여도 안 돼요
>
> 웃어도 안 돼요
>
> 울어도 안 돼요
>
> 모두 합죽이가 됩시다
>
> 합!

3. "합!" 하고 나서 입을 벌리지 않고 서로를 쳐다보며 눈알을 굴리거나 얼굴 표정을 재미있게 지으며 상대방을 웃긴다.

4. 가장 먼저 웃은 사람에게 벌칙을 준다.

141 기차놀이

새끼줄을 기차 삼아 논다.

여기는 서울입니다.
내리실 손님은
빨리 내려 주세요.

칙칙폭폭

기관사

놀이 방법

1. 새끼줄의 양 끝을 묶는다.
2. 새끼줄 안에 한 줄로 서서 양쪽 줄을 손으로 쥐고 맨 앞에 선 사람이 기관사가 되어 "칙칙폭폭" 하며 달리면 뒤에 있는 사람들이 같이 달린다.
3. 기관사가 "여기는 서울입니다. 내릴 손님은 빨리 내려 주세요." 하고 제자리걸음을 하면 한 사람이 빠져나왔다가 다음 역에서 들어간다.

142 풀이름 대기

많은 종류의 식물을 찾고, 그 이름을 아는지 겨룬다.

놀이 방법

1. 두 편으로 나눈 다음 자기가 알고 있는 식물을 될 수 있는 대로 여러 종류를 뜯어서 약속된 시간에 모인다.

2. 두 편이 마주 앉아서 식물 이름을 잘 아는 사람을 대표로 내세운다.

3. 앞에 나온 두 대표는 가위바위보를 해서 이긴 편이 먼저 묻고 진 편이 대답한다.

4. 이긴 편 대표는 자기편이 뜯어 온 식물을 모두 모아서 상대편 앞으로 가서 어느 한 사람을 지명한다.

5. "이 식물의 이름을 대시오." 하면 지명 당한 사람은 식물의 이름을 댄다. 그렇게 네다섯 명을 한 뒤에는 대표를 바꾸어 한다.

6. 이렇게 하여 두 편 질문이 끝나면 정확하게 대답한 사람이 어느 편에 더 많은지 따져 승부를 정한다.

7. 이긴 편은 진 편에게 적당한 벌칙을 준다.

주의할 점

• 질문하는 편이 몇 명까지 질문할지 미리 정한다.

143 기차역 이름 대기

기차역 이름을 부르면서 논다.

놀이 방법

1. 놀이에 참가하는 사람 수만큼 중요한 '역'를 정하고, 한 사람씩 역을 정해 역장을 맡는다.
2. 빙 둘러앉아 시작하는데, 진행자가 박자에 맞춰 손뼉을 치면서 "서울 기차 떠난다." 하고 크게 부른다.

3. 이때 모두가 "서울 기차 떠난다."까지 하면 서울 역장은 부르고 싶은 역을 부른다. 이를테면 "수원" 하면 모두들 "수원 기차 떠난다." 한다.
4. 수원 역장은 다른 역을 부른다. 역을 부를 때는 오른손과 왼손의 엄지 손가락을 엇바꾸어 내밀면서 박자에 맞추어 부른다.
5. 자기 역을 불렀는데도 얼른 대답을 못 하거나 미리 정하지 않은 역을 부르면 다른 사람들은 합창을 하지 않는다.
6. 이때 걸린 사람은 노래나 춤을 추게 한다.
7. 만일 틀리게 대답했는데도 무심결에 합창을 하면 노래와 춤을 추어야 한다.
8. 놀이를 멈추었다가 다시 시작할 때는 틀린 사람부터 선창을 한다.

144동물 이름 부르기

물고기, 새, 나무 이름을 셋 이상 대며 논다.

놀이 방법

1. 원을 지어 빙 둘러 앉는다.

2. 놀이 진행자가 원을 따라 천천히 걸어가면서 "물고기, 새, 나무, 짐승"을 반복해서 말하다가 한 사람을 가리키며 "물고기" 하고 말한다.

3. 그 사람은 모두가 입을 모아서 다섯을 셀 때까지 물고기 이름을 연이어 셋 이상 대야 한다.

4. "짐승"이라고 하면 "소, 말, 돼지" 식으로 짐승 이름을 재빨리 대야 한다.

5. 다섯을 셀 때까지 대답하지 못하거나 틀리게 대답하면 노래를 하거나 춤을 추어야 한다.

145 누가 먼저 시작했는지 알아맞히기

어떤 동작을 누가 먼저 했는지 알아맞힌다.

놀이 방법

1. 원을 지어 앉은 다음 술래를 정한다.
2. 노래를 부르며 손뼉을 치다가 술래 모르게 어떤 동작을 한다. 그러면 모든 사람이 그 동작을 따라 한다. (이를테면 한 팔 들어 흔들기, 머리를 갸우뚱거리기)
3. 술래는 누가 먼저 동작을 시작했는지 찾아낸다.
4. 술래가 알아맞히지 못하면 놀이를 계속한다.
5. 술래가 알아맞히면 동작을 처음 한 사람이 술래가 된다.

주의할 점

• 다른 사람들은 동작을 시작하는 사람에게 자꾸 눈길을 보내거나 해서는 안 된다. 그러면 술래에게 금방 들키기 때문이다. 동작은 자꾸 바꾸는 것이 좋다.

| 놀이 이름으로 찾아보기 |

| 놀이 대상과 놀이 인원으로 찾아보기 |

번호	놀이 이름	놀이 대상			놀이 인원			편놀이
		저학년	중학년	고학년	10명 이하	10명~20명	20명 이상	
1	꼬리잡기	O	O	O	O			
2	수박따기		O	O		O		O
3	말타기		O	O	O	O		O
4	무궁화꽃이 피었습니다(1)	O	O	O	O			
5	무궁화꽃이 피었습니다(2)	O	O	O	O			
6	등 감추기	O	O	O		O		O
7	집 뺏기놀이			O		O		O
8	허수아비(1)	O	O	O	O			
9	허수아비(2)		O	O	O			
10	왕대포		O	O	O			
11	얼음땡	O	O	O	O			
12	숨바꼭질	O	O	O	O			
13	밤 숨바꼭질	O	O	O		O		O
14	술래잡기	O	O	O	O			
15	병신 술래잡기	O	O	O	O			
16	나켠도		O	O		O		
17	그림자밟기	O	O	O	O			
18	앉은뱅이	O	O	O	O			
19	사람 알아맞히기	O	O	O	O			
20	삼단 넘기		O	O	O			
21	선씨름	O	O	O	O			
22	다리씨름	O	O	O	O			
23	누가 없어졌는지 알아맞히기	O	O	O	O			
24	그물치기놀이	O	O	O		O	O	
25	짝 묶기	O	O	O			O	
26	닭싸움	O	O	O		O		O
27	번호대로 달리기	O	O	O		O		O
28	노래 이어 부르기	O	O	O	O	O	O	
29	팽이치기	O	O	O	O	O	O	
30	제기차기			O	O	O	O	
31	동네제기			O	O			
32	줄넘기	O	O	O				
33	고무줄		O	O	O			O
34	숫자치기			O		O		O
35	암자치기			O		O		O

번호	놀이 이름	놀이 대상			놀이 인원			편놀이
		저학년	중학년	고학년	10명 이하	10명~20명	20명 이상	
36	발자치기			O		O		O
37	얼음 축구		O	O		O		O
38	썰매 타기	O	O	O	O	O	O	
39	연날리기	O	O	O	O	O	O	
40	공기받기		O	O	O	O	O	
41	많은 공기		O	O	O			
42	주먹 공기		O	O	O			
43	구슬치기(1)		O	O	O			
44	구슬치기(2)		O	O	O			
45	딱지치기	O	O	O	O			
46	넉줄고누		O	O	O			
47	곤질고누			O	O			
48	호박고누	O	O	O	O			
49	자동차고누			O	O			
50	깃대 세우기	O	O	O	O			
51	실뜨기	O	O	O	O			
52	성냥개비놀이	O	O	O	O			
53	비사치기(1)		O	O	O			O
54	비사치기(2)		O	O	O			O
55	까막잡기	O	O	O	O			
56	수건돌리기	O	O	O		O	O	
57	깡통차기		O	O	O			
58	세 번 돌고 절하기	O	O	O	O			
59	토끼 찾기	O	O	O		O		
60	공으로 꼬리 맞히기		O	O		O		O
61	공 던지고 받기		O	O		O		O
62	맞히기와 빼앗기		O	O		O		O
63	탁구공 치며 달리기		O	O		O		O
64	누가 먼저 가져왔나		O	O		O		O
65	공 차고 돌아오기		O	O		O		O
66	눈 감고 얼굴 그리기		O	O		O		O
67	구멍에 공 굴려 넣기			O	O			
68	말 타고 모자 벗기기			O		O	O	O
69	반지놀이	O	O	O	O			
70	목침 뺏기		O	O	O			
71	남승도	O	O	O	O			
72	물 운반하기		O	O		O		O

번호	놀이 이름	놀이 대상			놀이 인원			편놀이
		저학년	중학년	고학년	10명 이하	10명~20명	20명 이상	
73	상대편 깃발 빼앗기			○		○		○
74	피하면서 달리기			○		○		○
75	돼지불알			○		○		○
76	ㄹ자놀이			○		○		○
77	감자놀이			○		○		○
78	해바라기		○	○		○		○
79	오징어놀이			○		○		○
80	십자놀이		○	○		○		○
81	개뼉다귀		○	○		○		○
82	세 발 뛰기		○	○		○		○
83	동그랑땡땡		○	○		○		○
84	육박전		○	○		○		○
85	삼팔선놀이		○	○	○			○
86	세모 돌기		○	○		○		○
87	땅콩놀이		○	○		○		○
88	지렁이		○	○		○		○
89	떡장사놀이	○	○	○	○			
90	인간놀이			○		○		○
91	나비놀이		○	○	○			
92	나비 잡기	○	○	○	○	○		
93	아기 신사			○	○			
94	8자놀이(1)	○	○	○	○			
95	8자놀이(2)	○	○	○	○			
96	8자놀이(3)		○	○		○		○
97	8자놀이(4)	○	○	○	○			
98	달팽이집놀이(1)	○	○	○		○		○
99	달팽이집놀이(2)	○	○	○		○		○
100	달팽이집놀이(3)	○	○	○		○		○
101	신발 뺏기		○	○	○			
102	열 발 뛰기		○	○	○			
103	네모 사방치기(1)		○	○	○			
104	네모 사방치기(2)		○	○	○			
105	비행기 사방치기		○	○	○			
106	세 줄 사방치기		○	○	○	○		○
107	발목지 사방치기		○	○	○			
108	땅따먹기		○	○	○			
109	땅재먹기		○	○	○			

번호	놀이 이름	놀이 대상			놀이 인원			편놀이
		저학년	중학년	고학년	10명 이하	10명~20명	20명 이상	
110	왕짱구		O	O	O			
111	가로막기		O	O	O			
112	절름발이놀이		O	O	O			
113	글자 찾기	O	O	O	O			
114	망차기(1)		O	O	O			
115	망차기(2)		O	O	O			
116	대장놀이		O	O				
117	길 따라 잡기		O	O	O			
118	눈 감고 누군지 알아맞히기		O	O		O		
119	두꺼비집 짓기	O	O	O	O	O	O	
120	풀 겨루기	O	O	O	O			O
121	물수제비 뜨기	O	O	O	O	O	O	
122	호드기 불기	O	O	O	O	O	O	
123	포수놀이	O	O	O	O			
124	말 잇기	O	O	O	O			
125	살치기놀이	O	O	O	O			
126	손바닥 치기	O	O	O	O			
127	그림자놀이	O	O	O	O	O	O	
128	문놀이	O	O	O	O			
129	닭잡기	O	O	O	O			
130	여우놀이	O	O	O	O			
131	어깨동무	O	O	O	O			
132	꽃찾기놀이	O	O	O		O		O
133	계단놀이	O	O	O	O			
134	스무고개		O	O		O		
135	멍석 말기		O	O			O	O
136	오이풀 치기	O	O	O	O	O	O	
137	나뭇잎 따기		O	O	O			
138	다리 세기	O	O	O	O			
139	가마타기		O	O	O	O		
140	웃음놀이	O	O	O	O			
141	기차놀이	O	O	O	O			
142	풀이름 대기	O	O	O	O			O
143	기차역 이름 대기		O	O	O			
144	동물 이름 부르기	O	O	O	O			
145	누가 먼저 시작했는지 알아맞히기	O	O	O	O			

아이들아, 놀이는 우리의 목숨이다

김종만

애들아, 너희는 알고 있니?
이 나라 이 땅에서 우리 어른들
어렸을 적 활개치던 놀이 말이다.
땅따먹기 비석차기 고누놀이 사방치기
자치기 팽이치기 미끄럼타기
편싸움 쥐불놀이 썰매 타기
콧잔등에 땀방울이 솟아나고
바짓가랑이 헤어져 나풀거려도
식식거리는 숨찬 함성은
해가는 줄 모르고 배고픈 줄 모르고
밤낮없이 틈만 나면 놀던 놀이 말이다.

공부 잘해야 이다음 부자가 되고
그래야 어른되어 출세한다고
야단치고 타이르고 매를 맞으며
해를 꼬박 채우고 교실에 갇혀
교과서를 외우고 시험지를 풀고
날이면 날마다 그렇게 공부했어도
우리 어른들 어렸을 적 교실에서는
말타기도 했고 기름짜기도 했다.

쉬는 시간 10분 종이 울리면
우르르 몰려나간 우리들은
변소 뒤꼍 교실 뒤 담모퉁이에서
고무줄, 구슬치기, 딱지치기, 말짱까기에
정신들이 홀랑 빠졌다.
교실에서 뛰었다고 호되게 벌을 서고
시간에 늦었다고 야단을 맞아도
돌아서면 잊어버리고 또 놀았다.

집에 돌아오는 길엔 또다시
산소 위에서 빈 논에서 풀밭에서
떠밀고 뒹굴고 올라타고 잡아당기고
그러다가 산소를 홀랑 태우고
옷이 찢기고 코피가 나고 살이 터지고
집에 오면 당장에 내어쫓겨도
날만 새면 잊어버리고 또 놀았다.
축구공이 없고 야구 글러브가 없어서
오락실 갈 돈이 없어서
프로야구 프로축구 유니폼이 없어서
풀이 죽어 있니 너희들은
노는 것이 싫으니 너희들은
방안에 말없이 틀어박혀
그깟 만화영화에 넋을 빼앗긴
석수야 명안아 호영아 대수야
너희 할아버지들은 그 옛날 어렸을 적
애기 나뭇짐 지고 산길 다니면서도
지겟작대기 두드려 노랠 배우고
수수깡대와 굴렁쇠로도 잘만 놀았지
철따라 명절따라 놀던 놀이와 부르던 노래
수십 수백 가지씩이나 되었지.

너희들은 아니? 얘들아
이 나라 구석구석
앞마당 뒷마당 앞골목 뒷골목
어제 놀던 아이들 오늘 자라 어른이 되고
오늘 노는 너희들 내일 자라 어른이 되어
그래서 모두 우리가 되어
이 나라 커 가고 희망이 있다는 거
이 나라 평화롭고 인정 많다는 거
그래서 어른 아이 없이 모두
뛰어 놀고 춤추고 노래해야 한다는 거
너희들은 알고 있니? 아이들아,
지금은 놀라고 해도 놀 줄 모르는
아이들아, 너희는 알고 있니?

모든 어린이는 충분히 쉬고 놀 권리가 있습니다.

-유엔아동권리협약 제31조

어린이 놀이헌장

어린이에게는 놀 권리가 있다.

어린이는 놀이로 행복을 누릴 권리가 있으며 놀이의 주인은 어린이이다.

어린이는 차별 없이 놀이 지원을 받아야 한다.

어린이는 성별, 종교, 장애, 빈부, 인종 등에 상관없이 놀이 지원을 받아야 한다.

어린이는 놀 터와 놀 시간을 누려야 한다.

어린이는 자유롭게 놀거나 쉴 수 있도록 놀 터와 놀 시간을 충분히 누릴 수 있어야 한다.

어린이는 다양한 놀이를 경험해야 한다.

가정, 학교, 지역사회는 어린이의 발달단계에 맞는 풍부한 놀이 환경을 만들어 주고,
다양한 놀이 경험의 기회를 제공해 주어야 한다.

가정, 학교, 지역사회는 놀이에 대한 가치를 존중해야 한다.

가정, 학교, 지역사회는 어린이의 놀이를 존중하고 가치를 인정해야 하며,
안전하고 즐겁게 놀 수 있도록 배려하여야 한다.